스포츠 투어리즘과 AI

인공지능총서

인공지능 시대입니다. 기계가 인간의 인지를 대신하고, 사물이 인간을 통하지 않고 다른 사물과 직접 커뮤니케이션합니다. 이에 따른 인간 삶과 문명 변화를 정확히 이해·예측·대응하는 것은 이 시대 우리 모두의 과제입니다. 인공지능총서는 인공지능 기술과 환경의 여러 주제를 10가지 키워드로 정리합니다. 관련 개념과 이론, 학계와 산업계의 쟁점, 우리 일상의 변화를 다룹니다. 인간과 기술의 현재, 미래를 세심히 분석합니다.

일러두기

- 인명, 작품명, 저서명, 개념어 등은 한글과 함께 괄호 안에 해당 국가의 원어를 병기했습니다.
- 외래어 표기는 현행 어문규정의 외래어표기법을 따랐습니다. 다만 '딥러닝', '딥마인드', '딥페이크' 등은 관행을 따랐습니다.

스포츠 투어리즘과 AI

정구현

대한민국, 서울, 커뮤니케이션북스, 2025

스포츠 투어리즘과 AI

지은이 정구현
펴낸이 박영률

초판 1쇄 펴낸날 2025년 1월 9일

커뮤니케이션북스(주)
출판 등록 2007년 8월 17일 제313-2007-000166호
02880 서울시 성북구 성북로 5-11
전화(02) 7474 001, 팩스(02) 736 5047
commbooks@commbooks.com
www.commbooks.com

ISBN 979-11-7307-314-4 03500

책값은 뒤표지에 표시되어 있습니다.

차례

스포츠 투어리즘과 4차 산업의 만남

스포츠 투어리즘(Sports Tourism)은 관광산업의 중요한 분야로, 지역 경제 발전과 함께 다양한 산업 분야와의 동반 성장을 이끌어 낼 잠재력을 가지고 있다. 스포츠 투어리즘의 개념은 이 두 단어의 의미를 제대로 이해하는 것에서 시작된다(Gammon & Robinson, 2003).

스포츠는 "다양한 수준의 사람들이 기술, 전략, 가능성을 바탕으로 인정받는 수준의 능력을 얻기 위해 추구하는 모든 범위의 경쟁적 · 비경쟁적 활동"으로 정의된다(Standeven & De Knop, 1999). 이러한 활동은 표준화된 규칙이나 조건에 따라 신체적 경쟁과 활동으로 이루어지기 때문에, 다른 상품들과는 차별화된 특징을 가진다.

한편, 관광은 "관광 욕구를 가진 사람들이 관광지에서 일정 기간 이상 숙박하며 관광 시설과 서비스를 이용하는 활동"으로 정의된다(Mathieson & Wall, 1982). 이 정의에서 관광은 특정한 목적을 가지고, 일정 기간 특정 장소에 머물며 일상생활에서 벗어나 즐거움을 추구하는 생이고 특징 지어진다. 따라서 관광은 목적, 체류 기간, 그리고 목적에 부합하는 장소가 필수 요소로 작용한다.

스포츠와 관광이라는 두 개념을 결합하면, 스포츠 투어리즘은 경쟁적이거나 비경쟁적인 활동을 위해 일상적인 공간을 벗어나 관련된 활동이나 서비스를 소비하는 것을 의미한다. 특히 스포츠는 관광과 마찬가지로 여가 시간을 활용하며, 경제적 활동을 동반한다는 점에서 공통점을 갖는다(정구현, 2023; Standeven & De Knop, 1999).

4차 산업혁명(Industry 4.0)은 물리적 세계, 디지털 세계, 그리고 생물 세계가 융합되어 경제와 사회의 모든 영역에 변화를 일으키는 새로운 산업 시대다. 이 혁명은 사물 인터넷(IoT), 로봇공학, 가상 현실(VR), 인공지능(AI) 등 혁신적인 기술을 통해 우리의 생활 방식과 업무 방식을 근본적으로 변화시키고 있으며, 스포츠 투어리즘 분야에서도 예외가 아니다(기획재정부, 2020).

첫째, 사물 인터넷 기술은 다양한 장치들이 인터넷을 통해 데이터를 주고받을 수 있는 네트워크를 의미한다. 스포츠 투어리즘 분야에서 이 기술은 경기장의 인원 및 장비 상태를 실시간으로 모니터링해 안전하고 효율적인 운영을 가능하게 하며, 센서가 장착된 웨어러블 기기를 통해 선수들의 건강 상태와 퍼포먼스를 실시간으로 추적해 부상 예방과 경기력 향상에 기여하는 등 다양한 역할을 한다(Forbes, 2024.3.26). 또한 팬들은 스마트폰 앱을 통해 경기장의 혼잡도를 확인하고, 좌석 배치나 편의시설 위치를 쉽게 찾으며, 티켓 예약과 경기 일정 안내 등을 편리하게 이용할 수 있다. 이러한 기술들은 스포츠 비즈니스의 효율성을 높이고, 팬 경험을 개선하는 데 큰 기여를 하고 있다.

둘째, 로봇공학은 경기 운영과 훈련 방식을 변화시키고 있다. 로봇 심판은 자동화된 카메라 시스템과 다양한 데이터를 활용해 기존 심판들이 더 정확한 판정을 할 수 있도록 도와 경기의 질을 높이고, 팬들의 신뢰를 강화한다. 또한 로봇을 활용한 훈련 기기는 선수들의 기술 향상에 큰 도움을 준다. 예를 들어, 양궁이나 축구와 같은 스포츠에서는 로봇이 선수들의 심박수를 분석하거나 화살 경로를 분석하고, 공을 정확하게 투구하거나 패스하여 선수들이 부족한 부분을 반복적으로 훈련할 수 있게 한다. 이로써 선수들에게 맞춤형 훈련 프로그램을 구축하고 점진적으로 다양한 분야에 기여할 것으로 기대된다(비즈니스 포스트, 2024; Forbes, 2024.7.30).

셋째, 가상 현실과 증강 현실(AR) 기술은 팬 경험을 혁신적으로 개선할 수 있다. 이러한 기술들은 스포츠 투어리즘의 계절적 한계를 극복할 수 있는 기회를 제공한다. 예를 들어 증강 현실을 통해 경기 중 실시간으로 추가 정보를 제공받거나 가상 경기장에서 실제와 같은 관람 경험을 할 수 있다. 경기가 없는 비수기에도 가상 현실을 통해 경기 재현을 경험하거나 선수들과의 간접 만남을 가질 수 있다. 또한 선수들은 가상 현실을 활용한 시뮬레이션 훈련을 통해 실제 경기에서의 반응 속도와 전략적 사고를 향상할 수 있다(Huang & Yang, 2024; Fan et al., 2022).

스포츠 투어리즘은 관광산업의 중요한 분야로, 지역 경제 발전과 다양한 산업의 동반 성장을 촉진할 수 있는 잠재력을 가지고 있다. 현대 사회에서는 워라밸(Work and Life Balance) 문화와 여가 시간의 증가로 인해 스포츠 투어리즘이 더욱 주목받고 있으며, 이는 지역 경제 발전과 일자리 창출에도 긍정적인 영향을 미친다. 스포츠 투어리즘의 부가 가치를 높이기 위해서는 4차 산업혁명의 혁신 기술, 예를 들어 사물 인터넷, 로봇공학, 가상 현실, 증강 현실 등을 적극 활용할 필요가 있다. 이러한 기술들은 아직 초기 단계에 있지만, 스포츠 투어리즘 분야에서 새로운 기회를 창출하고 팬 경험과 경기 운영의 효율성을 향상하는 데 기여할 수 있다. 따라서 스포츠 투어리즘은 경제적 가치와 여가 활동의 만족도를 동시에 충족시키는 중요한 산업 분야로, 기술 혁신과 함께 지속 가능한 발전을 추구해야 하며, 부작용을 최소화하고 미래 가치를 높이기 위해 다양한 기술과 전략의 도입이 필요하다.

스포츠 투어리즘의 구성 요소들의 변화

스포츠 투어리즘 산업은 소비자, 스포츠 상품, 중개자의 세 가지 주요 구성 요소로 나뉘며, 이 요소들은 외부 환경의 변화에 따라 끊임없이 영향을 받는다. 소비자는 각자의 동기와 목적을 가지고 스포츠 투어리즘 상품을 소비하며, 스포츠 이벤트 관람이나 체험을 위해 여행을 떠난다. 스포츠 상품은 유형(예: 경기 티켓, 스포츠 용품)과 무형(예: 스포츠 경기 관람, 스포츠 체험)으로 구분되며, 이러한 상품들은 여행 업체, 교통수단, 레저 기업, 리조트 기업 등과 같은 중개자를 통해 소비자에게 전달된다. 중개자는 이러한 스포츠 투어리즘 상품을 체계적이고 편리하게 제공하는 역할을 한다(정구현, 2023). AI는 이러한 주요 구성 요소를 중심으로 스포츠 투어리즘 산업의 성장을 촉진하며, 정치, 경제, 사회, 문화 등 외부 환경 요인에도 큰 영향을 미친다.

4차 산업혁명 시대의 기술 발전은 스포츠 투어리즘 산업에 혁신적인 변화를 불러오고 있다. 인공지능은 이미 일상 속에 깊이 스며들어 있으며, 빅 데이터, 머신 러닝, 데이터 마이닝 등의 용어와 함께 자연스럽게 받아들여지고 있다. 특히 챗지피티(Chat GPT)와 같은 다양한 AI 프로그램의 접근성과 사용 용이성이 높아지면서 이에 대한 관심이 더욱 증가하고 있다(송경빈, 2024). 이러한 변화로 AI는 개인뿐 아니라 중개자인 전문 기업을 포함한 다양한 분야에서 활용도가 높아지고 있다.

스포츠 투어리즘 산업의 각 구성 요소에 AI를 접목하는 이유는 다양하다. AI는 업계 전반에 걸쳐 혁신과 효율성을 크게 향상할 가능성이 있다. AI 프로그램은 사용자의 명령이나 요구에 따라 다양한 데이터 속에서 패턴이나 관계를 추출해 유용한 결과를 도출하며, 최근에는 명령에 따른 결과물을 행동으로 옮기는 단계까지 발전하고 있다. 데이터 생산과 저장 능력, 컴퓨터의 처리 능력이 크게 향상되고 비용 부담이 줄어들면서 AI 기술이 더욱 발전하고 있으며, 중개자와 소비자 모두가 이 기술을 활용할 수 있는 다양한 방안이 모색되고 있다. 예를 들어, 중개자는 AI를 활용해 팬 데이터를 분석하여 맞춤형 마케팅 전략을 수립하고, 팬 경험을 개인화하여 고객 만족도와 재방문율을 높일 수 있다. 과거에는 전담 부서에서 스포츠 관련 데이터를 수집하고 분석해 전략을 세우는 데 많은 시간과 비용이 소요되었으나, AI는 이러한 방식을 혁신적으로 변화시키고 있다(김영수, 2022). AI는 많은 비용과 시간, 인력의 소요를 줄이고 분석 과정에서 발생하는 오차나 다양한 변수에 의해 영향을 최소화한다.

AI 도구의 등장으로 인해 학계와 스포츠 투어리즘 현장에서는 AI가 이 분야에 얼마나 큰 영향을 미칠지에 대한 기대와 함께 부작용에 대한 우려도 제기되고 있다(박병윤, 2017). AI가 인간이 수행하던 일자리를 대체할 가능성이 심각한 문제로 떠올랐다. 하지만 과거 자동차의 등장으로 인해 사라진 직업들과 동시에 다양한 직업군이 탄생한 것처럼, AI도 스포츠 투어리즘에서 새로운 직업과 기회를 창출할 수 있는 잠재력을 가지고 있다(김태헌, 이벌찬, 2022; 천제민, 2023).

결론적으로, 4차 산업혁명의 기술들은 스포츠 투어리즘의 다양한 요소에 새로운 기회를 제공하고, 이 산업의 지속 가능성을 높일 것이다. 이러한 기술적 변화는 스포츠 투어리즘의 전략 수립과 운영 효율성을 증대하며, 궁

극적으로 고객 만족도를 높이는 데 큰 기여를 할 것이다(김영수, 2022). 앞으로도 4차 산업혁명 기술이 스포츠 투어리즘 분야에 미치는 긍정적인 영향은 더욱 확대될 것으로 기대되며, 새로운 도구를 활용해 스포츠 투어리즘 분야를 더욱 발전시키는 데 집중해야 할 것이다.

참고문헌

기획재정부(2020.11.3). 4차 산업혁명: 시사경제용어사전. https://www.moef.go.kr/sisa/dictionary/detail?idx=11

김영수(2022). 『직장인이 꼭 알아야 할 비즈니스 AI』. 이북스미디어.

김태헌·이벌찬(2022). 『AI 소사이어티』. 미래의 창.

박병윤(2017). 『기적의 인공지능 일자리혁명』. 도서출판 행복에너지.

비즈니스 포스트(2024.8.4). AI가 심판보고 경기 분석하고, 파리올림픽에 녹아든 AI 신기술 '놀랍네'. https://www.businesspost.co.kr/BP?command=article_view&num=361124

송경빈(2024). 『인공지능 구조원리 교과서』. 보누스.

정구현(2023). 『스포츠 투어리즘』. 부크크.

천제민(2023). 『인공지능과 빅데이터로 읽는 미래 스포츠 이야기』. 부크크.

Fan, X., et al.(2022). Immersive technology: A meta-analysis of augmented/virtual reality applications and their impact on tourism experience. *Tourism management*, 91, 104534.

Forbes(2024.3.26). Slam dunk technology: How AI is revolutionizing the game of basketball. https://www.forbes.com/sites/neilsahota/2024/03/26/slam

-dunk-technology-how-ai-is-revolutionizing-the-game-of-basketball/

Forbes(2024.7.30). Unleashing the power of AI to create a new era in soccer excellence. https://www.forbes.com/sites/neilsahota/2024/07/30/unleashing-the-power-of-ai-to-create-a-new-era-in-soccer-excellence/

Gammon, S. & Robinson, T.(2003). Sport and tourism: A conceptual framework. *Journal of sport management*, 8(1), pp.21-26.

Huang, Y. & Yang, X.(2024). Exploring the integration of artificial intelligence in the sports tourism industry. *Revista multidisciplinar de las ciencias del deporte*, 24(95).

Mathieson, A. & Wall, G.(1982). *Tourism: Economic, physical and social impacts.* London: Longman.

Standeven, J. & De Knop, P.(1999). *Sport tourism. Champaign, IL: Human Kinetics*.

01
스포츠 투어리즘

스포츠 투어리즘은 스포츠 활동을 중심으로 한 여행과 관광을 의미하며, 관람 스포츠, 참여 스포츠, 스포츠 팬 투어리즘으로 나뉜다. 대규모 스포츠 이벤트 관람, 특정 스포츠 활동 참여, 팀이나 선수와 관련된 장소 방문 등이 이에 포함되며, 이러한 활동은 경제적, 사회적, 문화적으로 지역과 국가에 긍정적인 영향을 미친다. 스포츠 투어리즘은 전 세계적으로 중요한 관광산업으로 자리 잡았으며, 국제적 교류와 지역 경제 활성화에 큰 기여를 하고 있다.

스포츠 투어리즘

스포츠 투어리즘(Sports Tourism)은 스포츠 활동을 중심으로 한 여행과 관광을 의미한다. 단순히 스포츠 이벤트에 참가하거나 관람하기 위한 여행뿐만 아니라, 스포츠 관련 시설을 방문하거나 특정 스포츠 활동을 즐기기 위해 떠나는 모든 형태의 여행을 포함한다. 현대 사회에서 스포츠 투어리즘은 전 세계적으로 중요한 관광산업의 한 축을 이루며, 경제적, 사회적, 문화적으로 다양한 영향을 미치고 있다. 스포츠 투어리즘은 관람 스포츠 투어리즘, 참여 스포츠 투어리즘, 스포츠 팬 투어리즘으로 구분할 수 있다(서울특별시체육회, 2018).

관람 스포츠 투어리즘은 올림픽, 월드컵, 아시안 게임 같은 대규모 스포츠 이벤트를 중심으로 이루어진다. 이러한 이벤트는 많은 관광객을 끌어모으며, 개최 도시나 국가에 막대한 경제적 이익을 가져다준다. 예를 들어, 올림픽 개최국은 관광 수입 증가, 스포츠 인프라 개선, 국제적 위상 증가와 같은 이점을 누릴 수 있다. 코로나와 같은 특수한 시기를 제외하면 이러한 대규모 이벤트는 지역 경제에 긍정적인 영향을 미친다.

참여 스포츠 투어리즘은 골프, 스키, 등산, 서핑 같은 특정 스포츠 활동을 즐기기 위해 떠나는 여행을 의미한다. 이러한 형태의 투어리즘은 특정 스포츠를 즐기기에 인프라가 잘 갖춰진 지역에서 많이 이루어진다. 예를 들어, 캐나다 휘슬러 스키 리조트나 하와이의 서핑 관광지들은 전 세계 스포츠 애호가들을 끌어모은다. 이들은 특정 스포츠를 직접 경험하고 즐기기 위해 이러한 장소를 찾는다.

마지막으로 스포츠 팬 투어리즘은 스포츠 팬들이 자신이 좋아하는 팀이나 선수와 관련된 장소를 방문하는 형태다. 예를 들어, 축구 클럽의 경기장 투어나 명예의 전당 방문이 이에 해당한다. 이러한 여행은 팬들에게 특별한 스포츠 경험을 제공한다. 이는 단순한 관광 이상의 의미를 가지며, 팬들에게는 소중한 경험이 될 수 있다.

스포츠 투어리즘은 경제적인 이익뿐만 아니라, 개최지에 경제적 부흥을 가져다준다. 대규모 이벤트는 수천 명의 관광객을 유치하여 지역 경제에 활기를 불어넣는다. 호텔, 식당, 교통, 기념품 가게 등 다양한 산업이 혜택을 보고, 일자리 창출과 인프라 개선을 통해 지역 발전에도 기여한다.

또한 스포츠 투어리즘은 사회적, 문화적 교류를 촉진한다. 다양한 배경을 가진 사람들이 스포츠를 통해 하나로 연결되며, 이는 국제적인 이해와 우정을 증진한다.

개최국의 문화와 전통을 전 세계에 알리는 사회적, 문화적 교류는 스포츠 투어리즘의 중요한 이점 중 하나다(Sportanddev, 2022).

결론적으로, 스포츠 투어리즘은 전 세계적으로 중요한 산업으로서 경제적, 사회적, 문화적으로 다양한 이점을 제공한다. 이를 지속 가능하게 발전시키기 위해서는 환경 보호와 지역사회와의 조화를 고려한 접근이 필요하다. 스포츠를 통해 사람들이 하나로 연결되고, 문화와 전통이 공유되며, 경제적 발전이 이루어지는 모습은 스포츠 투어리즘의 큰 매력 중 하나다.

기회와 도전

오픈AI(OpenAI)가 개발한 인공지능(AI) 대화형 모델인 챗지피티(ChatGPT)는 단 며칠 만에 수만 명의 회원을 모으며 그 능력을 입증했다. 전 세계에서 가장 큰 동영상 공유 플랫폼인 유튜브(YouTube)나 짧은 동영상을 제작하고 공유하는 소셜 미디어 플랫폼인 틱톡(TikTok)도 이 정도로 빠르게 회원을 확보하지 못했다(Smith, 2023). 챗지피티의 혁신은 대단하며, 이는 스포츠 투어리즘 분야에서도 기회와 도전이 될 수 있다.

스포츠 투어리즘의 핵심은 스포츠라는 콘텐츠를 통해

사람들을 끌어들이고, 그 안에서 다양한 기회와 즐거움을 찾아가는 것이다. 스포츠 활동을 목적으로 한 여행인 스포츠 투어리즘은 최근 인공지능 기술의 발전으로 그 형태와 운영 방식이 빠르게 변화하고 있다.

역사적으로 신기술이 등장할 때, 많은 학자들이 이러한 변화가 사회를 어떻게 변형할지 예측하고자 했다. 하지만 미래를 정확히 예측하는 것보다는, 학자들은 기술을 어떻게 응용하거나 활용할 수 있을지 방향성을 제시해야 한다. 따라서 중요한 것은 현실을 기반으로 가능한 변화를 인식하고 이에 대응하는 것이다. 특히 신기술을 통해 스포츠 투어리즘에서 극대화할 수 있는 기회와 강점을 찾고, 위협 요인이나 단점들은 최소화하는 것이 중요하다.

AI 기술은 스포츠 투어리즘에서 다양한 방식으로 활용될 수 있다. 예를 들어, 개인 맞춤형 여행 패키지 제공, 실시간 경기 정보와 분석, 가상 현실을 통한 경기장 체험 등 혁신적인 서비스가 가능하다. 이러한 기술을 활용하면 팬들은 더욱 풍부한 경험을 할 수 있고, 스포츠 투어리즘 산업은 더 많은 수익을 창출할 수 있다.

그러나 기술 발전이 항상 긍정적인 면만 있는 것은 아니다. 데이터 프라이버시 문제, 기술 의존성 증가, 일부 직업군의 일자리 감소 등 여러 윤리적 문제와 위험 요소도 고려해야 한다. 기술 발전과 함께 이러한 문제들을 해결하기 위한 규제와 정책도 함께 발전해야 한다.

결론적으로, 챗지피티와 같은 AI 기술은 스포츠 투어리즘에 새로운 기회와 도전을 동시에 제공하고 있다. 우리는 이 기술을 통해 얻을 수 있는 이점을 극대화하고, 발생할 수 있는 문제들을 최소화하기 위해 노력해야 한다. 이를 통해 스포츠 투어리즘 산업이 지속 가능하고 혁신적으로 발전할 수 있을 것이다.

갑자기 AI

AI는 컴퓨터가 인간처럼 사고하고 학습하며 판단하는 논리적인 방식을 사용하는 고급 컴퓨터 프로그램을 의미한다. 인간처럼 사고한다는 것은 AI가 인간의 지적 능력을 모방해 문제를 해결하고 의사 결정을 내릴 수 있다는 것을 의미한다. 인공지능은 갑작스럽게 등장한 것이 아니라, 디지털 시대를 살아가면서 IT 기술의 발달로 인해 데이터 용량과 처리 능력이 급상승하면서 인간의 능력을 능가할 가능성에서 출발했다(Russell & Norvig, 2016). 사실 AI 기술은 1950년대부터 발전하기 시작했으며, 초기에는 체스 게임이나 수학 문제 해결 같은 특정 분야에 국한된 시스템으로 개발되었다. 1980년대부터 기계 학습 기술이 발달하면서 AI는 전성기를 맞이했으며, 음성 인식, 이미지 분류, 자연어 처리 등 다양한 분야에서 뛰어난 성과를 거두었다. 최근에는 딥러닝 기술의 발전으로 AI 시스템이 더욱 강력해지면서 자율 주행차, 의료 진단, 금융 분석 등 다양한 영역에 적용되며 우리의 삶에 큰 영향을 미치고 있다(Nilsson, 2009; Goodfellow et al., 2016).

AI 기술은 스포츠 투어리즘의 다양한 측면에서도 활용될 수 있다. 예를 들어, AI 기반 데이터 분석을 통해 관광객의 선호도를 파악하고 맞춤형 여행 상품을 제공할 수 있으며, 스포츠 이벤트 운영의 효율성을 높이고 관객의 경험을 향상하는 데 중요한 역할을 할 수 있다. 여행 계획 수립, 스포츠 이벤트 운영, 관광객 관리 등에서 AI는 인간의 역할을 보조하며 스포츠 투어리즘의 효율성을 극대화하고 맞춤형 서비스를 제공하는 데 기여할 수 있다.

그러나 이러한 기술 도입에는 몇 가지 윤리적 문제와 위험이 따를 수 있다. AI는 자기 학습 능력을 바탕으로 빠르게 진화할 수 있으며, 이는 AI가 인간의 의도와는 다른 방향으로 발전할 가능성을 의미한다. 또한 AI 발전으로 인해 다양한 분야에서 인간의 일자리가 줄어들 수 있다는 우려도 있다. 실제로 많은 분야에서 이러한 위협을 느끼고 있으며, 이는 실업률 증가와 사회적 불평등 심화로 이어질 수 있다(McCarthy, 2007). AI의 효율성으로 인해 많은 사람이 담당했던 일을 AI가 대체하게 되면, 이를 활용할 수 있는 집단과 그렇지 못한 집단 간의 간극이 실업 증가와 불평등으로 이어질 수 있다. AI가 인간의 가치관과 윤리 기준을 무시하고 상업적 이익만을 추구할 경우, 심각한 윤리적 문제가 발생할 수 있으며, 시스템 고장이나 오작동으로 인해 예측할 수 없는 재난이 발생할 위험도 있다. 특히 대규모 스포츠 이벤트에서는 이러한 문제가 안전상의 큰 위협으로 이어질 수 있다.

이러한 윤리적 문제를 해결하기 위해서는 책임감 있는 개발이 필요하다. 개발 과정에서 윤리적 고려 사항을 충분히 검토하고, 안전성과 보안성을 확보해야 하며, 인간의 가치관과 권리를 존중하는 방향으로 설계해야 한다. 네이버와 카카오는 이러한 이유로 사람을 위한 AI 개발을 목표로 하는 AI 윤리 준칙을 발표해 실천하고 있다(주윤경, 2022).

또한 시스템의 의사 결정 과정과 작동 원리를 투명하게 공개하고 설명할 수 있어야 신뢰성과 안전성을 확보할 수 있다. 인간이 AI를 지속적으로 감독하고 개입할 수 있는 체계를 구축해야 하며, 네이버나 카카오의 사례처럼 개발 시 준수해야 할 가이드라인을 마련하고, 시스템의 안전성과 보안성을 확보하기 위한 기준도 필요하다. 이를 감독할 전담 기구의 설립도 고려할 필요가 있다. 정부 차원에서도 AI 관련 교육과 연구 개발을 장려하고 지원하는 정책이 필요하다.

스포츠 투어리즘 분야에서도 AI 기술의 발전은 많은 기회를 제공하지만, 그에 따른 윤리적 문제와 위험성도 고려해야 한다. 다양한 대응 방안을 마련해 이러한 기술 발전을 안전하고 책임감 있게 관리하며, 지속 가능한 혁신적 방향으로 발전할 수 있도록 해야 한다.

참고문헌

서울특별시체육회(2018.11.20). 관광, 그 이상의 스포츠 투어리즘. https://m.blog.naver.com/seoulsportal/221402179114

주윤경(2022). [자율규제의 미래] 인공지능(AI)과 자율규제. ≪KISO 저널≫, 49, 72-75쪽.

Goodfellow, I., et al.(2016). *Deep learning*. MIT Press.

McCarthy, J.(2007). *What is artificial intelligence?*. Stanford University.

Nilsson, N. J.(2009). *The quest for artificial intelligence: A history of ideas and achievements*. Cambridge University Press.

Russell, S. J. & Norvig, P.(2016). *Artificial intelligence: A modern approach* (3rd ed.). Pearson.

Smith, C.(2023.2.2). *ChatGPT has the fastest user growth of any app in history.* BGR.
https://www.bgr.com/chatgpt-has-the-fastest-user-growth-of-any-app-in-history/

Sportanddev.(2022.9.26). *How does sport contribute to tourism?.*
https://www.sportanddev.org/latest/news/how-does-sport-contribute-tourism

02
디지털 시대의 스포츠 투어리즘 마케팅 변화

디지털 시대에 스포츠 투어리즘 마케팅은 AI 기술을 활용해 전통적인 방식에서 벗어나 혁신을 이루고 있다. AI는 고객 선호를 분석해 맞춤형 콘텐츠와 프로모션을 제공하며, 마케팅의 효율성을 높이고 고객 만족도를 강화한다. 데이터 기반 마케팅으로 팬의 행동을 추적해 맞춤형 서비스를 제공하고, 실시간 대응이 가능하다. AI 마케팅은 업무 자동화, 예측 분석, 타기팅 등을 통해 효율성을 극대화하고 있으며, 고객의 참여를 유도하고 기업의 수익 창출에 기여한다.

데이터 기반 마케팅

디지털 시대에 스포츠 투어리즘(Sports Tourism) 마케팅은 전통적인 방식에서 벗어나 급격한 변화를 겪고 있다. 마케팅은 단순히 상품이나 서비스를 판매하는 것이 아니라, 소비자의 욕구를 이해하고 이를 충족하기 위한 계획과 전략을 세우는 모든 활동을 포함하며, 그 본질적인 목표는 고객 만족과 기업의 수익 창출에 있다(Perrault & McCarthy, 2002; Kotler, 2003). 디지털 기술의 도입은 스포츠 투어리즘 분야의 전통적인 마케팅 개념을 더욱 혁신적으로 변화시키고 있으며(Kotler & Keller, 2016), 스포츠 투어리즘 마케팅은 그 특성상 일반적인 마케팅과는 다른 차별화된 접근이 필요하다. 특히 상품의 서비스적 요소에서 비롯된 차별화된 전략이 필요한데, 디지털 기술의 발전은 이러한 스포츠 투어리즘 마케팅에 새로운 기회를 열어 주었다(Getz, 2008; Shank & Lyberger, 2014).

디지털 기술은 여행 산업과 스포츠 산업의 규모가 확대되는 시점에서 기업들이 단순한 상품 판매를 넘어 고객과 소통할 수 있는 커뮤니케이션 효과를 얻을 수 있게 해 주었다. 디지털 기술은 광고 효과와 상호 이익을 창출하는 기회를 제공하기 때문에 기업들의 선호도가 높아지고 있으며, 이 중 가장 발전 가능성이 큰 요소는 데이터 기반 마케팅이다.

과거에는 고객 정보를 수집하기 위해 많은 시간과 자본이 필요했으나, 디지털 기술은 이를 보다 정확하고 효율적으로 수집하고 가공할 수 있게 만들었다. 이러한 데이터 기반 마케팅은 스포츠 투어리즘에서 필수적인 역할을 하고 있다. 디지털 기술을 통해 소셜 미디어, 경기 관람 기록, 온라인 검색 기록 등을 분석하여 팬들의 행동을 실시간으로 추적하고 분석할 수 있다. 이를 통해 팬들이 어떤 스포츠나 팀, 선수를 선호하는지 파악할 수 있으며, 맞춤형 콘텐츠와 프로모션을 제공하는 데 활용할 수 있다.

예를 들어, 티켓 구매 기록과 굿즈 판매 데이터를 분석해 팬들의 구매 패턴을 파악하고, 적절한 시점에 타기팅된 마케팅 전략을 실시할 수 있다. 특정 경기에 관심이 많은 팬들에게 그 경기에 맞춘 맞춤형 티켓 프로모션을 제공하거나, 팬의 과거 구매 이력과 선호도에 기반해 개인화된 마케팅 메시지를 이메일이나 SMS로 전송하여 높은 참여율을 유도할 수 있다. 또한, 경기 중이나 직후의 데이터를 활용해 실시간으로 마케팅 활동을 전개할 수도 있다. 이렇게 축적된 데이터와 인공지능(AI)을 통해 팬들의 행동을 예측하고, 이에 맞춘 전략을 수립할 수 있다(Wedel & Kannan, 2016).

이처럼 데이터 기반 마케팅은 스포츠 투어리즘에서 팬들의 행동과 선호도를 정확히 이해하고, 그에 맞춘 타기팅된 마케팅 전략을 수립하는 데 중요한 역할을 한다. 디지털 기술을 활용한 맞춤형 서비스는 고객 만족도를 높이고, 기업의 브랜드 인지도를 강화하는 데 강력한 도구로 작용한다.

AI 마케팅의 혁신

최근 인플루언서 마케팅 허브가 실시한 연구에 따르면, 응답자의 19%가 마케팅 예산의 40% 이상을 AI 기반 프로젝트에 지출할 계획이라고 밝혔다(Influencer Marketing Hub, 2024.9.9). 이는 AI 마케팅의 영향력과 기대가 매우 크다는 것을 간접적으로 보여 주며, AI 기술이 마케팅 분야에서 핵심적인 역할을 하고 있음을 시사한다.

AI 마케팅은 인공지능 기술을 활용하여 마케팅 전략을 최적화하는 방법이다. 기업들은 AI를 통해 방대한 데이터를 신속하게 분석하고, 고객의 행동을 예측하여 맞춤형 마케팅 콘텐츠를 제공함으로써 효율성을 극대화한다. AI 기술은 변화하는 경영 환경에 맞춰 관련 기업의 학자와 전문가들이 데이터를 분석하고, 기업들이 효과적인 전략을 수립할 수 있도록 돕는다.

첫째, AI 마케팅의 큰 장점 중 하나는 업무 효율성이다. AI는 반복적이고 시간이 많이 소요되는 작업을 자동화함으로써 마케터들이 보다 창의적이고 전략적인 업무에 집중할 수 있도록 돕는다(Zhu & Wang, 2021). AI는 데이터 분석, 잠재 고객 분석을 위한 리드 스코어링(Lead scoring), 소셜 미디어 포스팅과 같은 소모적인 작업을 자동화하여 업무 효율을 향상하고, 인건비 절감과 생산성 향상에도 기여한다(Wedel & Kannan, 2016).

둘째, AI 기반 예측 분석은 고객 데이터를 활용하여 구매 가능성이나 행동 패턴을 예측하고, 적절한 시점에 맞춤형 메시지를 전달함으로써 투자 대비 수익률(ROI, Return On Investment)을 크게 향상할 수 있는 마케팅 전략을 제공한다(Chaffey & Ellis-Chadwick, 2019). AI는 시장 변화에 신속하게 대응하고, 새로운 트렌드와 고객 요구를 반영하며, 스포츠 투어리즘처럼 특정 시간대나 계절에 따른 선호도를 파악해 맞춤형 마케팅을 수행하는 데 적합하다. 이를 통해 스포츠 투어리즘 상품의 접근성을 높이고, 고객의 참여를 유도할 수 있다(Perreault et al., 2014).

셋째, AI는 디지털 유통 경로를 혁신하여 스포츠 상품의 판매와 홍보를 간소화하고, 정확한 타기팅을 가능하게 한다(Wedel & Kannan, 2016). 인터넷과 SNS를 통한 홍보는 전통적인 방식보다 고객의 관심을 더 효과적으로 끌고 구매 확신을 높일 수 있다(Davenport & Ronanki, 2018). AI는 고객 후기와 평점을 분석해 신뢰도를 강화하고, 맞춤형 정보를 제공하여 시장 점유율을 확대할 수 있다. 또한 데이터 정밀도와 개인화된 분석은 고객의 행동과 선호도에 대한 심층적인 통찰을 제공하며, 이를 바탕으로 더 개인화된 캠페인과 메시지를 생성할 수 있다(Blattberg et al., 2008).

이처럼 AI 마케팅은 단순히 상품이나 서비스를 판매하는 것 이상의 역할을 하며, 소비자의 욕구를 이해하고 이를 충족시키기 위한 계획과 전략을 포함한다. 그 본질적인 목표는 고객 만족과 기업의 수익 창출에 있으며, 이를 달성하기 위해 AI는 제품, 가격, 유통, 프로모션의 '4P' 마케팅 개념을 혁신적으로 변화시키고 있다(Perrault & McCarthy, 2002; Kotler, 2003; Kotler & Keller, 2016). AI는 기업이 마케팅 전략을 최적화하고, 비용 효율성을 극대화하며, 경쟁력을 강화할 수 있는 중요한 도구로서 그 역할이 점점 커지고 있다. 앞으로도 AI는 마케팅의 혁신을 이끌며, 고객 만족도 향상, 브랜드 인지도 강화, 비용 절감 등 여러 측면에서 기업에 큰 가치를 제공할 것이다.

AI 활용 사례

AI는 콘텐츠 생성, 고객 타기팅, 마케팅 자동화 등 다양한 분야에서 강력한 도구로 활용되고 있으며, 이를 통해 기업은 고유의 콘셉트(concept)를 발굴하고 브랜드 가치를 창출할 수 있다. 이러한 AI 활용은 기업의 마케팅 효율성을 크게 향상하며, 경쟁력을 강화하는 데 중요한 역할을 한다. AI의 주요 활용 사례는 크게 세 가지로 나눌 수 있다.

첫째, AI 기반 콘텐츠 생성이다. 미드저니(Midjourney)와 같은 AI 도구들은 제품 설명, 소셜 미디어 게시물, 블로그 기사 등 다양한 콘텐츠를 자동으로 생성하는 데 도움이 된다. 이러한 도구를 활용하여 과거에는 전문 디자이너나 작가가 필요했던 작업을 신속하고 효율적으로 처리할 수 있으며, 특히 스포츠 이벤트와 관련된 기사를 자동으로 생성하여 팬들의 관심을 끌고 참여를 유도할 수 있다(Influencer Marketing Hub, 2024.10.2).

둘째, AI 기반 타기팅이다. AI는 고객 데이터를 분석

히어 구매 패턴과 행동을 예측하고, 구매 가능성이 높은 고객을 식별할 수 있다. 예를 들어, 과거의 이벤트 참여 이력과 관심사를 분석하여 스포츠 투어리즘 상품을 광고할 때 가장 적합한 고객에게 맞춤형 광고를 노출할 수 있다(Kotler & Keller, 2016). 머신러닝 알고리즘을 통해 고객의 특정 요구에 맞춘 맞춤형 콘텐츠와 프로모션을 제공함으로써 타기팅된 마케팅 캠페인이 가능하다. 이를 통해 기업은 특정 스포츠를 선호하는 고객에게 맞춤형 투어 패키지를 제안할 수 있다(Davenport & Ronanki, 2018).

셋째, AI 기반 마케팅 자동화다. AI는 이메일 발송, 소셜 미디어 게시물 예약, 웹사이트 방문자 추적 등의 마케팅 작업을 자동화하여 마케터가 더 전략적인 작업에 집중할 수 있게 한다. 예를 들어, 스포츠 이벤트 티켓 판매 과정에서 자동화를 통해 잠재 고객에게 맞춤형 이메일을 발송하고, 챗봇을 통해 고객 문의를 24시간 처리할 수 있다. 챗봇은 자주 묻는 질문에 대한 답변을 제공하고 고객 지원팀의 업무 부담을 줄이며, 음성 인식 기술을 통해 실시간으로 사용자와 대화할 수 있는 등 고객 지원을 크게 향상한다(Influencer Marketing Hub, 2024.9.9). 시리(Siri)와 알렉사(Alexa)와 같은 음성 검색 어시스턴트는 고객이 원하는 정보를 더 쉽게 찾을 수 있게 도와주는 예시다.

AI 기술은 이러한 다양한 분야에서 기업이 고객과 상호작용하고 비즈니스 성과를 창출하는 방식을 변화시키고 있다(Chaffey & Ellis-Chadwick, 2019). AI의 잠재력은 엄청나며, 이를 효과적으로 도입하고 활용하는 기업은 경쟁력 있는 위치를 차지할 수 있다. 그러나 동시에 고객 정보 보호와 알고리즘 편향성 같은 윤리적 문제가 해결해야 할 과제로 남아 있다. 이를 극복하면서 AI를 잘 활용하는 기업은 더욱 큰 성공을 거둘 수 있을 것이다.

참고문헌

Blattberg, R. C., et al.(2008). *Database marketing: Analyzing and managing customers.* Springer.

Chaffey, D. & Ellis-Chadwick, F.(2019). *Digital marketing: Strategy, implementation and practice* (7th ed.). Pearson.

Davenport, T. H. & Ronanki, R.(2018). Artificial intelligence for the real world. *Harvard business review*, 96(1), pp.108-116.

Getz, D.(2008). Event tourism: Definition, evolution, and research. *Tourism management*, 29(3), pp.403-428. https://doi.org/10.1016/j.tourman.2007.07.017

Influencer Marketing Hub.(2024.9.9). What is AI Marketing?. https://influencermarketinghub.com/what-is-ai-marketing/

Influencer Marketing Hub.(2024.10.2). Artificial Intelligence (AI)

Marketing Benchmark Report: 2023.
https://influencermarketinghub.com/ai-marketing-benchmark-report/

Kotler, P.(2003). *Marketing management* (11th ed.). Prentice Hall.

Kotler, P. & Keller, K. L.(2016). *Marketing management* (15th ed.). Pearson.

Perrault, W. D. & McCarthy, E. J.(2002). *Basic marketing: A global-managerial approach* (14th ed.). McGraw-Hill/Irwin.

Perreault, W. D., et al.(2014). *Basic marketing: A marketing strategy planning approach* (19th ed.). McGraw-Hill Education.

Shank, M. D. & Lyberger, M. R.(2014). *Sports marketing: A strategic perspective* (5th ed.). Routledge.

Wedel, M. & Kannan, P. K.(2016). Marketing analytics for data-rich environments. *Journal of marketing*, 80(6), pp.97-121.

Zhu, F. & Wang, Z.(2021). The role of AI in marketing: Lead scoring and personalization. *Journal of marketing analytics*, 9(3), pp.245-260.

03
혁신적 기술 도입

디지털 시대의 스포츠 투어리즘 중개자들은 AI 기술 도입으로 산업 효율성을 극대화하고 있다. AI는 서비스 운영, 제품 개발, 마케팅 등 다양한 분야에서 활용되며, 비용 절감과 운영 최적화를 돕는다. 그러나 AI의 성공적인 활용을 위해서는 실무자들의 참여가 중요하며, 현재 많은 기업들이 AI를 경쟁 우위 도구로 인식하고 있다. 사용자 친화적 환경 덕분에 실무자들은 AI 활용이 수월해졌고, 기업들은 교육 프로그램을 통해 AI 활용도를 높이고 있다. AI와 전문가의 조언을 병행하는 전략이 필요하다.

스포츠 투어리즘 중개자

디지털 시대에 스포츠 투어리즘(Sports Tourism) 중개자들은 다양한 혁신적 기술 도입을 통해 산업의 효율성을 극대화하며 큰 변화를 경험하고 있다. 기업들은 경쟁력을 강화하기 위해 AI를 적극 도입하고 있으며, 이를 통해 역량을 높이고자 한다. 이 과정에서 전 직원들은 자발적이든 아니든 AI를 활용한 혁신에 참여하고 있다(McKinsey & Company, 2023; Weed & Bull, 2004).

최근 AI는 서비스 운영, 제품 개발, 마케팅 등 여러 분야에서 중요한 역할을 하고 있다. AI는 서비스 운영 프로세스를 최적화하고, 제품 개발 시 다양한 피드백을 반영하여 개선하도록 돕는다. 또한 기업은 콜센터의 기능을 자동화하고, 마케팅 예산 배분과 지출 효율화를 통해 비용 절감 효과를 보고 있다. 실제로 매킨지의 2023년 보고서에 따르면 AI를 도입한 기업들은 비용 절감과 같은 실질적인 효과를 보고하고 있다(McKinsey & Company, 2023).

그러나 AI의 성공적 도입을 위해서는 실무자들의 적극적인 참여가 필수다. 많은 연구에서 AI의 효율성과 효과가 강조되고 있지만, 실제 현장에서의 AI 활용은 아직 초기 단계이며, 직원들도 AI를 활용한 의사 결정이나 전략 수립에 있어 걸음마 단계에 있다. 그럼에도 스포츠 기업을 포함한 많은 기업은 AI가 경쟁에서 우위를 점하는 도구가 될 것임을 인식하고 있다. 이러한 이유로 각 부서의 핵심 실무진들이 AI를 담당하는 부서와 협력해 AI를 활용한 실험과 개선 작업을 진행하고 있다.

과거 기업 자원 관리(ERP, Enterprise Resource Planning) 시스템이 도입되었을 때처럼 초기에는 IT 전문가들의 영역으로 여겨졌던 기술들이 이제는 더 사용자 친화적이 되어 실무자들도 직접 맞춤형 시스템을 선정하고 도입할 수 있는 환경이 조성되었다. AI는 개인 비서, 온라인 고객 지원, 프로세스 자동화, 매출 분석, 사업 예측 등 다양한 분야에서 활용될 수 있다. 이를 통해 AI는 소비자의 니즈를 파악하고, 타기팅의 효율성을 높이며, 제품 추천이나 시장 분석에도 큰 도움이 된다(Davenport & Ronanki, 2018; Monk & Wagner, 2013).

전문 지식 없이도 쉽게 사용할 수 있는 AI 환경에서 실무자들은 이를 적극 활용해야 하며, 기업은 AI 활용도를 높이기 위해 교육 프로그램이나 성공 사례를 공유하는 등 다양한 노력을 기울일 필요가 있다. AI 활용 경진 대회와 같은 이벤트를 통해 AI 도입을 활성화하는 것도 좋은 방법이 될 수 있다. 하지만 AI에만 의존하는 것은 위허할 수 있으므로, 전문가의 조언과 다양한 예측을 함께 고려하여 결과를 보완해야 한다. 스포츠 중개자인 기업은 조직 내 협력과 실무자들의 적극적인 참여를 통해 AI 활용도를 높이고 경쟁력을 강화해야 한다.

스포츠 투어리즘 전략 수립의 변화

매년 스포츠 기업의 실무자들은 단기 및 중장기 사업 계획을 작성하고 실행해야 한다. 계획에는 중장기적으로 개최될 경기 계획과 이를 운영하기 위한 재무, 인력, 시설물 운영 계획 등이 포함된다. 사업을 추진한 후에는 피드백을 통해 평가 및 개선하는 과정이 이어진다. 이는 경영의 기본 프로세스인 PDS(Plan-Do-See) 사이클로, 이 과정에서는 모든 요소가 중요하지만 특히 계획(Planning) 단계가 가장 중요하다. 이 단계에서 얼마나 정확하고 정교하게 사업 설계도를 구상하느냐에 따라 성공 확률이 크게 달라지기 때문이다. 계획을 수립하기 위해서는 여러 단계를 거쳐야 하며, 성공 확률을 높이고 경쟁력을 강화할 수 있는 계획이 기업의 주요 전략이 된다.

좋은 전략을 수립하기 위한 첫 단계는 환경 분석이다. 스포츠 투어리즘 상품을 포함한 새로운 상품을 출시할 때, 외부적으로 경쟁 상황과 고객 수요를 분석하고, 내부적으로는 상품을 고객 요구에 맞게 생산할 수 있는지, 생산 인력과 자본, 기술력이 충분한지를 평가해야 한다. 환경 분석을 통해 정확한 시장 분석이 이루어진다면 전략의 효율성을 극대화할 수 있다.

스왓 분석(SWOT, Strengths, Weaknesses, Opportunities, Threats) 기법은 이러한 환경 분석에 유용하다. 내부 환경의 강점과 약점, 외부 환경의 기회와 위협을 분석하여 새로운 상품의 발전 가능성을 평가하고, 경쟁사나 다른 회사의 상품과 비교하여 경쟁력을 판단할 수 있다. 기존에는 전문 부서나 연구 단체를 통해 자료를 수집하고 이를 기업 인프라에 맞게 재가공하는 과정이 필요했지만, 최근에는 AI를 활용하여 자료 분석의 효율성과 정확성이 크게 향상했다. 예를 들어, 데이터 수집의 기본인 설문 조사는 과거에는 부적절하거나 구조화되지 않은 언어 데이터를 정리하는 데 많은 시간과 노력이 필요했다. 이는 시간과 비용의 증가를 의미한다. 하지만 AI를 활용하면 더 짧은 설문 조사, 개방적이고 대화적인 문장, 응답자가 간섭을 적게 받는 환경을 조성함으로써 효율성을 높일 수 있다. AI는 기존 설문 조사의 콘텐츠와 응답률을 분석해 최적의 키워드와 문항 수를 도출하고, 결과 보고서를 신속하게 정리할 수 있게 돕는다. 특히,

정량적 데이터뿐만 아니라 텍스트와 같은 정성적 데이터도 분석하여 고객 응답 메시지를 효율적으로 정리할 수 있다(Davenport & Ronanki, 2018). 또한 AI를 통해 시장 규모 예측이 더욱 정교해졌다. 특정 고객층이 어떤 지역에서 스포츠 상품을 소비했는지, 어떤 뉴스나 SNS에서 긍정적인 반응이 나타났는지 등을 분석하여 신제품이 시장에서 성장할 가능성을 예측할 수 있다. 이는 주식 시장에서 다양한 변수를 분석해 전체적인 상승 또는 하락을 예측하는 것과 유사한 원리다(DaVinci Labs).

이렇게 도출된 시장 분석과 기업 상황을 바탕으로 매출 예측, 목표 설정, 시장 점유율 등 중요한 결정을 내릴 수 있다. 예를 들어, AI를 활용해 새로운 상품의 매출을 예측하는 과정에서는 과거 비슷한 상품의 데이터와 시장 성장, 경제 성장, 상품 인기, 브랜드 가치, 소비자 성향 등의 변수를 고려해 다음 분기 또는 다음 해의 매출을 예측할 수 있다(Kotler & Keller, 2016). 그러나 이러한 예측은 과거 데이터를 기반으로 하기 때문에 시간이 지남에 따라 변동되는 수치를 지속적으로 업데이트하고 조정해야 한다. 과거에는 전담 부서에서 다양한 데이터를 엑셀에 입력하고 여러 변수를 고려해 예측을 수행했지만, 이제는 AI를 활용해 이 과정을 더욱 효율적으로 관리할 수 있다. 물론 초기 설정과 방향성은 실무자와 전문가의 판단에 따라 이루어져야 하며, AI와 실무자가 협력하여 상호 보완적으로 일할 때 더 큰 효과를 기대할 수 있다(McKinsey & Company, 2023).

스왓 분석이 끝나면 다음 단계는 STP 전략을 구성하는 것이다. STP는 시장 세분화(Segmentation), 표적 시장(Targeting), 포지셔닝(Positioning)을 의미하며, 우선 시장을 세분화하고(Segmentation) 목표 고객을 선정(Targeting)한 후 상품의 위치를 결정(Positioning)하는 과정을 말한다. 예를 들어, 특정 스포츠 팬들이 원하는 상품과 서비스 수준을 고려해 브랜딩 전략을 세우고, 팬들의 요구를 반영하여 전략을 수립하는 것이 중요하다. AI를 활용하면 시장 트렌드를 파악하고, 새로운 시장과 유통 전략에 인력과 자원을 집중하는 전략을 세울 수 있다. 또한 AI로 브랜드와 개별 제품에 대한 고객의 후기를 분석해 문제점을 신속하게 파악할 수 있다.

결론적으로, 스포츠 투어리즘 전략 수립의 변화는 기업의 사업 계획 과정에서 중요한 역할을 한다. 단기 및 중장기 사업 계획을 작성하고 실행하며, 피드백을 통해 개선하는 과정이 필수적이다. 특히 성공적인 전략을 수립하기 위해서는 환경 분석이 필수적이며, AI를 도입하며 데이터 수집과 분석의 효율성을 크게 향상할 수 있다. AI는 설문 조사 데이터 처리, 시장 규모 예측, 고객 반응 분석 등 다양한 분야에서 유용하게 활용된다. 또한 스왓 분석과 STP 전략 수립에서도 AI는 기업의 강점과 약점, 기회와 위협을 체계적으로 정리하고, 이를 기반으로 매출 예측과 목표 설정에 기여할 수 있다(Davenport & Ronanki, 2018). 앞으로 AI를 활용한 전략 수립은 스포츠 투어리즘 중개자들이 경쟁력을 강화하고 성공 확률을 높이는 데 중요한 도구가 될 것이다. AI와 실무자들의 협력은 더욱 혁신적이고 효율적인 경영을 가능하게 할 것이다.

참고문헌

Davenport, T. H. & Ronanki, R.(2018). Artificial intelligence for the real world. *Harvard business review*, 96(1), pp.108-116.

DaVinci Labs.(n.d.). DaVinci Labs Blog. https://davincilabs.ai/blog

Kotler, P. & Keller, K. L.(2016). *Marketing management* (15th ed.). Pearson.

McKinsey & Company.(2023.8.1). *The state of AI in 2023: Generative AI's breakout year*. McKinsey Global Institute. https://www.mckinsey.com/capabilities/quantumblack/our-insights/the-state-of-ai-in-2023-generative-ais-breakout-year

Monk, E. & Wagner, B.(2013). *Concepts in enterprise resource planning* (4th ed.). Course Technology.

Weed, M. & Bull, C.(2004). *Sports tourism: Participants, policy, and providers.* Elsevier Butterworth-Heinemann.

04
스포츠 투어리즘 상품

스포츠 투어리즘 중개자들은 AI와 함께 산업 효율성을 극대화하며, 무형성, 소멸성, 변동성, 동시성, 계절성 등 스포츠 투어리즘 상품의 특성을 고려한 전략이 필요하다. 소비자는 경기 경험 전까지 품질을 알 수 없어 사전 정보 제공이 필수적이며, AI는 이 과정에서 불확실성을 줄이는 데 도움을 준다. 또한 인프라 구축, 소비자 참여 유도, 기반 시설 지원, 미디어를 통한 정보 제공이 성공의 열쇠며, AI를 통해 소비자 피드백과 트렌드를 분석하여 맞춤형 상품 개발과 운영 효율성을 높일 수 있다.

스포츠 투어리즘 상품 특성

스포츠 투어리즘(Sports Tourism)에서 소비자가 구매하는 대상은 스포츠를 중심으로 한 유형 및 무형의 관광 자원이다. 따라서 스포츠는 관광 자원으로서 소비자의 욕구를 충족할 만큼 매력적이어야 한다. 스포츠 투어리즘 상품은 다른 상품과 비교했을 때 몇 가지 독특한 특성을 지니고 있다. 스포츠는 경쟁적이고, 기술과 열정을 요구하는 인간의 신체 활동으로 정의될 수 있으며, 체계적인 규칙에 의해 통제되는 특징을 가진다(Snyder & Spreitzer, 1989). 스포츠 투어리즘 상품은 주로 서비스업으로 분류되며, 무형성(Intangibility), 소멸성(Perishability), 변동성(Variability), 동시성(Inseparability), 계절성(Seasonality)이라는 다섯 가지 특성을 가진다. 이러한 특성들은 기업이 전략을 수립할 때 중요한 고려 요소다(정구현, 2023).

예를 들어, 스포츠 투어리즘에서 무형성이라는 특성 때문에 소비자는 경기를 직접 경험하기 전까지 품질을 정확히 알 수 없다. 따라서 기업은 경기 일정, 선수 명단, 경기장의 위치와 편의 시설 등에 대한 명확한 정보를 사전에 제공하여 불확실성을 줄이고, 소비자가 더 나은 결정을 할 수 있도록 도와야 한다.

소멸성은 서비스 상품이 일회성으로 제공되며 시간이 지나면 가치가 사라지는 특성을 말한다. 예를 들어, 축구 경기나 농구 대회와 같은 스포츠 이벤트는 일정 시간이 지나면 종료되기 때문에, 기업은 수요 예측과 예약 시스템을 효율적으로 운영해 인력 낭비와 재고 관리를 최소화할 필요가 있다.

변동성은 소비자의 특성에 따라 스포츠 투어리즘 상품에 대한 만족도가 달라질 수 있음을 의미한다. 같은 경기를 관람하더라도 관중의 기대치나 선호도에 따라 만족도가 크게 달라질 수 있다. 이를 극복하기 위해 기업은 직원 교육과 표준화된 매뉴얼을 통해 일정한 서비스 품질을 유지하고, 새로운 상품이나 서비스가 출시될 때 이를 철저히 관리해야 한다.

서비스 상품의 동시성은 생산과 소비가 동시에 이루어지는 특성이다. 경기 관람 중 발생하는 문제나 고객의 요구에 즉각 대응할 수 있어야 한다.

마지막으로, 스포츠 투어리즘 상품의 계절성은 특정 스포츠 이벤트가 주로 특정 시기에 집중되어 있어 비수기와 성수기 간의 차이가 크다는 점이다. 이를 극복하기 위해 기업은 비수기에도 소비자의 관심을 끌 수 있는 마케팅 전략과 프로그램을 개발하여 수익을 유지할 방안을 마련해야 한다.

이러한 특성에 맞춘 전략을 통해 중개자들은 고객 만족과 지속 가능한 성장을 이룰 수 있으며, AI를 활용해 다양한 상품 특성에서 발생할 수 있는 한계를 보완하고 운영의 효율성을 높일 수 있다(McKinsey & Company, 2023).

성공적인 스포츠 투어리즘 상품을 개발하기 위해 몇 가지 중요한 요소를 고려해야 한다. 첫째, 스포츠 상품은 소비자의 참여를 유도할 수 있는 매력적인 요소를 지녀야 한다. 올림픽이나 월드컵과 같은 대규모 스포츠 이벤트는 전 세계 팬들의 관심을 끌고, 그들의 참여를 유도하는 강력한 매력을 가지고 있다. 이때 AI를 활용해 고객의 피드백과 트렌드를 분석하여, 특정 경기나 선수, 이벤트 요소들이 어떤 매력을 발산하는지 파악하고, 이를 강화하는 데 도움을 줄 수 있다.

둘째, 훌륭한 경기장 시설, 식당, 기념품 가게, 가족 편의 시설 등은 스포츠 팬들의 다양한 욕구를 충족하는 데 필수다. 월드컵과 같은 대형 스포츠 이벤트에서 팬들은 경기뿐만 아니라 주변의 식당과 쇼핑 시설, 기념품 구매 등의 다양한 경험을 기대한다. 이러한 시설들은 팬들이 경기를 더욱 즐겁게 경험할 수 있도록 돕는다.

셋째, 정부나 지역사회는 도로, 철도, 항만, 공항 등과 같은 기반 시설을 지원해 스포츠 이벤트가 원활하게 운영될 수 있도록 노력해야 한다. 대규모 국제 스포츠 행사인 월드컵이나 올림픽에서는 많은 관중과 관광객이 방문하기 때문에, 이들을 수용하고 이동시키기 위한 교통 인프라와 숙박 등 다양한 기반 시설 지원이 중요하다 (Getz, 2008).

마지막으로, 소비자에게 정보를 제공하는 미디어는 그들의 의사 결정에 큰 영향을 미친다. 따라서 정확하고 다양한 정보가 제공되어야 한다. 예를 들어, 경기 예고, 선수 인터뷰, 이벤트 정보 등의 미디어 콘텐츠는 소비자들이 특정 스포츠 투어리즘 상품을 선택하는 데 중요한 역할을 한다. 중개자들은 AI를 활용해 소비자에게 신뢰할 수 있는 분석된 자료를 제공해 그들이 올바른 의사 결정을 내릴 수 있도록 도와야 하며, 이를 통해 상품에 대한 신뢰도를 높여야 한다(Davenport & Ronanki, 2018).

스포츠 투어리즘 서비스의 성공을 위해 중개자인 기업은 무형성이나 소멸성 같은 상품의 특성을 이해하고, 매력성을 높이는 인프라를 갖추어야 한다. 또한 정부나 지역사회와 협조해 기반 시설을 구축하며, 미디어를 통해 체계적으로 정보를 제공해야 한다. AI를 활용해 효율적인 정보 관리 시스템을 구축하고, 의사 결정에 필요한 정보를 제공하는 전략을 세우는 것이 중요하다.

계절성

스포츠 투어리즘 상품에서 계절성은 다른 상품과 구분되는 중요한 특성으로, 반드시 고려해야 할 변수다. 계절성은 매출, 관광객 수, 교통 상황, 고용 등에 일시적인 불균형을 초래할 수 있다. 자연적 요인(기후, 날씨)과 제도적 요인(종교, 문화, 방학, 휴가)이 스포츠와 관광 시즌에 큰 영향을 미친다(Zvaigzne et al., 2022). 버틀러(1980)는 계절성을 기후 조건에 따른 제1종 계절성과 인간의 결정에 의해 유도된 제2종 계절성으로 구분했다. 예를 들어, 제1종 계절성은 스키 리조트의 여름철 문제나 해변 휴양지의 겨울철 문제를 포함하고, 제2종 계절성은 설날, 추석, 휴가철에 매출이 급증하는 현상을 의미한다.

스포츠 투어리즘 산업은 이러한 계절성으로 인해 수요와 공급의 불균형을 겪으며, 기업 운영의 효율성을 저하시킬 수 있다(정구현, 2023). 그러나 AI 기술의 발전은 계절성을 극복하는 다양한 방법을 제공한다. AI는 과거 데이터를 분석해 계절별 수요 변동을 예측하고, 이를 바탕으로 성수기와 비수기에 맞춰 인력과 자원을 효율적으로 배치할 수 있도록 돕는다. 예를 들어, 기업은 AI를 활용하여 동계 스포츠의 수요가 증가하는 시기를 예측해 준비하거나, 비수기에 여유 있는 인프라를 활용해 새로운 수익 활동을 창출하는 등의 전략을 수립할 수 있다(Duro & Turrion-Prats, 2019).

또한, AI는 소비자 데이터를 분석하여 특정 계절에 맞는 맞춤형 마케팅 전략을 제안할 수 있다. 예를 들어, 겨울철이 다가오는 시점에 스키나 스노보드와 같은 계절상품을 홍보하는 캠페인을 진행하거나, 고객의 개인 취향에 맞춘 마케팅 메시지를 제공함으로써 마케팅 효율성을 높일 수 있다. 이와 함께 AI는 수요 예측과 소비자 행동 분석을 통해 최적의 가격 전략을 제안하고, 재고 및 자원 관리를 최적화할 수 있다. 특정 상품에 대한 검색이 증가할 때 관련 상품을 홍보하거나, 재고 제품에 대한 세일 이벤트를 진행해 현금 유동성을 높이는 사례가 이에 속한다. 이를 통해 기업은 성수기와 비수기에도 수익을 극대화하고, 자원 낭비를 줄일 수 있다(Higham & Hinch, 2002).

결론적으로, AI는 스포츠 투어리즘 산업에서 계절성을 극복하고 지속 가능한 성장을 이루는 데 중요한 도구가 될 수 있다. AI를 활용한 수요 예측, 맞춤형 마케팅, 상품 개발, 가격 최적화, 재고 관리 등의 전략은 계절성 문제를 해결하는 필수적인 접근 방식으로 자리 잡을 것이다.

스포츠 투어리즘 상품 개발

스포츠 투어리즘 상품을 개발하기 위해서는 지속 가능하고 경제적 가치가 있는 콘텐츠를 관광 상품화해야 한다. 상품 개발 시에는 스포츠의 본질적인 진정성을 훼손하지 않으면서 종목별 특징을 바탕으로 차별적이고 경쟁력 있는 상품을 발굴해야 한다(Higham & Hinch, 2011). 발굴 과정은 몇 가지 단계로 나눌 수 있다.

첫째, 시장의 요구를 파악하고 기존 제품의 문제점을 분석하는 것이 우선이다. 고객 후기, 설문 조사, 사용자 조사, 유통 거래선 요청 사항 등 다양한 자료를 분석하여 상품이 팔릴 가능성을 평가한다. 이때 AI는 실시간 데이터 수집과 분석을 통해 매우 유용한 도구가 될 수 있다.

둘째, 상품의 판매 가능성과 적정 가격을 분석한다. 이 단계에서는 경쟁사 분석과 시장 파악을 통해 적정 가격을 설정하고 시뮬레이션 작업을 수행한다.

셋째, 고객 요구를 충족하는 상품을 개념화하고 전략

의 기본을 세운다. VIP나 실버 세대처럼 특정 계층을 위한 맞춤형 콘셉트를 세운다면 인력과 자원을 보다 효율적으로 활용하여 최대의 효과를 기대할 수 있다(Buhalis & Amaranggana, 2015).

넷째, 제품 개발의 타당성을 검토한다. 시범 경기나 초대 이벤트 등을 통해 소비자 반응을 미리 검증하고, 제품 개발의 로드맵을 작성한다. 일정 등을 검토하고 시제품을 만들어 반응을 본 다음, 고객 피드백을 반영하여 새로운 제품을 탄생시킨다.

AI는 이러한 상품 개발 프로세스에서 다양한 분야에 활용될 수 있다. 기존 제품 문제점 분석, 시장 요구 분석, 경쟁사 제품 분석을 SNS 내용과 상품 후기를 통해 실시간으로 수집하고 분석할 수 있다. 경쟁사의 제품과 실시간으로 비교하여 변화의 이유를 즉시 파악할 수 있다. AI 도구를 잘 활용하는 중개자는 제품 개발의 방향성과 콘셉트를 잡는 데 시행착오를 줄일 수 있으며, 이는 전통적인 설문 조사 방식보다 훨씬 효율적일 수 있다.

가격 결정 측면에서도 AI는 소비자의 가격 수용도를 예측할 수 있다. 경쟁사 유사 제품의 가격 추이나 SNS 반응은 가격 결정에 중요한 자료가 된다(Gretzel & Werthner, 2019; Ritchie & Adair, 2004). 예를 들어, SNS에는 나이와 성별 등의 개인 프로필뿐만 아니라 흥미를 느끼는 기사, 친구 관계, 소비 생활 등의 데이터가 빅 데이터로 저장된다. 이렇게 저장된 빅 데이터는 개인정보 동의하에 개인 맞춤형 전략을 수립하는 데 활용될 수 있다. 예를 들어, 페이스북은 외부 사용자 정보와 유사한 페이스북 사용자를 AI로 유사 타깃(Lookalike Audience)으로 분류해 맞춤형 타깃 광고를 할 수 있도록 광고주를 지원하고 있다(김영수, 2022).

결론적으로, 스포츠 투어리즘 상품 개발은 지속 가능하고 경제적 가치가 있는 콘텐츠를 만드는 과정으로, 시장 요구와 기존 제품 문제점을 파악하는 것이 중요하다. 이를 위해 고객 후기, 설문 조사, 유통 거래선 요청 사항 등을 분석하여 상품의 판매 가능성을 예측하고, 적정 가격을 설정하며, 특정 계층을 위한 맞춤형 콘셉트를 개발해야 한다(Lu et al., 2021). 시범 경기나 초대 이벤트 등을 통해 소비자 반응을 검토하고, AI를 활용해 실시간 데이터 분석, 가격 결정, 경쟁사 제품 비교 등을 통해 효율성을 높일 수 있다. AI는 빅 데이터를 활용해 개인 맞춤형 전략을 수립하며, 상품 개발 시 효율성과 성공 가능성을 높이는 데 기여할 수 있다(García & de la Torre, 2016).

참고문헌

김영수(2022). 『직장인이 꼭 알아야 할 비즈니스 AI』. 이북스미디어.

정구현(2023). 『스포츠 투어리즘』. 부크크.

Buhalis, D. & Amaranggana, A.(2015). Smart tourism destinations enhancing tourism experience through personalisation of services. In Tussyadiah, I. & Inversini, A. (Eds.), *Information and communication technologies in tourism 2015*. Springer. pp.377-389 https://doi.org/10.1007/978-3-319-14343-9_28

Butler, R. W.(1980). The concept of a tourist area cycle of evolution: Implications for management of resources. *Canadian geographer/Le Géographe canadien*, 24(1), pp.5-12.

Davenport, T. H. & Ronanki, R.(2018). Artificial intelligence for the real world. *Harvard business review*, 96(1), pp.108-116.

Duro, J. A. & Turrion-Prats, J.(2019). Tourism seasonality worldwide. *Tourism management perspectives*, 31, pp.38-53.

García, J. & de la Torre, E. M.(2016). Artificial intelligence in tourism management: Analyzing trends and implications. *International journal of tourism research,* 18(4), pp.329-343.

Getz, D.(2008). Event tourism: Definition, evolution, and research. *Tourism management*, 29(3), pp.403-428. https://doi.org/10.1016/j.tourman.2007.07.017

Gretzel, U., & Werthner, H.(2019). *AI in tourism: Challenges and opportunities*. In Xiang, Z. & Fesenmaier, D. R. (Eds.), Analytics in Smart Tourism Design (pp. 247-261). Springer.

Higham, J. & Hinch, T.(2002). Tourism, sport and seasons: The challenges and potential of overcoming seasonality in the sport and tourism sectors. *Tourism management*, 23(2), pp. 175–185.

Higham, J. & Hinch, T.(2011). *Sport tourism development.* Channel View Publications.

Lu, L., et al.(2021). AI–based analysis of consumer preferences in sports tourism: Implications for product development. *Journal of sport & tourism*, 25(2), pp.109–127.

McKinsey & Company.(2023). The state of AI in 2023: Generative AI's breakout year. McKinsey Global Institute. https://www.mckinsey.com/capabilities/quantumblack/our-insights/the-state-of-ai-in-2023-generative-ais-breakout-year

Ritchie, B. W.. & Adair, D.(2004). *Sport tourism: Interrelationships, impacts, and issues.* Channel View Publications.

Snyder, E. E. & Spreitzer, E. A.(1989). *Social aspects of sport.* Prentice Hall.

Zvaigzne, A., et al.(2022). Seasonality of tourism: Causes and consequences. *Worldwide hospitality and tourism themes*, 14(5), pp.421–430.

05
고객 중심 마케팅

모든 기업, 특히 스포츠 투어리즘 분야에서는 고객 중심 마케팅이 필수다. 이는 고객의 입장에서 생각하고, 고객의 피드백을 바탕으로 결정적 만족 요소를 찾는 것을 의미한다. AI는 고객의 과거 활동을 분석하여 맞춤형 서비스를 제공하고, 고객 이탈을 방지하는 리타기팅 전략을 지원한다. AI를 통해 개인화된 콘텐츠와 추천 서비스를 제공함으로써 고객 만족을 높이고, 고객 중심 마케팅의 효과를 극대화할 수 있다. 이를 통해 기업은 경쟁력을 강화하고, 지속 가능한 성장을 위한 새로운 가치를 창출할 수 있다.

고객 중심

스포츠 기업뿐만 아니라 모든 기업에서 고객 중심 마케팅은 기본이 되는 화두다. 시장이 점점 복잡해지고, 경쟁이 치열해지며, 고객의 기대 수준이 높아지고 있기 때문에 기업이 고객의 입장을 우선시하는 것은 필수 요소다(Kotler & Keller, 2016).

고객 중심적 사고란 자신의 생각을 내려놓고 고객의 입장에서 생각하며, 고객의 의견이 옳다는 전제로 이야기를 듣고 되묻고 연구하는 일이다. 이를 통해 고객의 반응과 구매로 이어지는 결정적 고객 만족 요소를 찾아내고자 한다. 스포츠 투어리즘(Sports Tourism)에서도 고객 중심 관점이 기반이 되어야 하며, 이를 통해 상품의 경쟁력을 강화해야 한다. 보통 상품 경쟁력을 강화하기 위해 기존 인프라를 활용해 효율성을 높이고 신규 수익을 창출하면서 브랜드 가치를 제고해야 하는데, 이 과정에서 고객의 가치나 눈높이가 기준이 된다. 이러한 과정을 통해 고객이 원하는 새로운 가치를 창출하고 지속 가능한 사업 아이템을 발굴할 수 있다.

그러나 고객 중심적 사고만으로 새로운 가치를 창출하는 것은 쉽지 않다. 새로운 가치를 창출하려면 고객 중심적 사고를 기반으로 논리적 과정이 수반되어야 하며,

마케팅 프로세스를 활용해 다양한 고객의 입장에서 그들이 원하는 것 이상의 지속적인 만족을 제공해야 한다. 전문 스포츠 투어리즘 상품 기획자는 고객이 구매를 망설이는 이유를 분석해야 하며, '역지사지(易地思之)'의 자세로 고객의 입장에서 불편함을 해소해 주어야 한다. 이는 우수한 기획자의 능력이며 성공의 핵심이다. 고객 우선 마케팅을 실천한 기업은 항상 진화해 왔기 때문이다.

AI는 고객 우선 마케팅을 지원하며, 과거 고객의 활동을 학습하고 분석할 수 있다. 고객의 참여도, 특정 정보에 대한 접속 빈도, 수익에 영향을 미치는 요소 등을 분석해 맞춤형 서비스를 제공할 수 있고, 충성도가 높은 고객과 이탈률이 높은 고객을 구분해 리타기팅(Retargeting) 전략을 세울 수 있다(Gretzel et al., 2015). 예를 들어, 고객이 장바구니에 담아둔 제품이나 검색했던 상품을 AI를 통해 다른 사이트에서 노출하거나 맞춤형 이메일로 제품을 추천할 수 있다. AI로 고객의 검색 기록, 선호도, 관심사에 기반한 추천 목록을 작성해 고객과의 관계를 개선하는 데 활용할 수 있으며, AI 챗봇은 사용자 경험을 향상하고 신용카드 사기 및 가짜 리뷰를 식별해 처리하는 데 도움을 줄 수 있다. 물론, 고객 중심 서비스를 제공하기 위해서는 상세한 개인 데이터를 사용하는 것이 필요하다. 고객의 사용 허가가 전제된다면 고객 중심의 차별화된 콘텐츠를 제공할 수 있다(Rust & Huang, 2014).

결론적으로, 스포츠 투어리즘을 포함한 모든 기업에서 고객 중심 마케팅은 필수적이며, 고객의 입장에서 생각하고 의견을 경청하여 만족 요소를 찾는 것이 중요하다. 이를 통해 상품 경쟁력을 강화하고 새로운 가치를 창출할 수 있다. AI는 고객의 활동을 학습하고 분석해 맞춤형 서비스를 제공하고, 리타기팅 전략을 통해 고객 이탈을 방지하며, 관계 개선에 중요한 역할을 한다(Buhalis & Amaranggana, 2015). 따라서 고객 중심 마케팅 전략과 AI의 결합은 기업의 성공과 지속 가능한 성장을 위해 필수적이다(Davenport & Ronanki, 2018).

브랜딩

요즘 기업들은 AI 기술을 활용해 고객 중심의 브랜딩 전략을 세분화하고 업그레이드하여 브랜드 이미지와 가치를 높이기 위해 많은 노력을 기울이고 있다. AI는 데이터 분석, 고객 행동 예측, 맞춤형 콘텐츠 생성 등 다양한 분야에서 강력한 도구로 활용되며, 이를 통해 기업은 고객의 기대와 요구에 부응하는 고유한 브랜드 콘셉트를 발굴하고 가치를 창출할 수 있는 기회를 넓히고 있다.

첫째, AI를 활용한 내외부 환경 분석은 고객의 요구와 시장 동향을 파악하는 데 핵심적인 역할을 한다. AI는 방대한 데이터를 신속하고 저비용으로 실시간 분석하여 시장 트렌드와 고객의 선호도를 예측하고 자사의 핵심 역량을 이해하는 데 도움을 준다(Chaffey & Ellis-Chadwick, 2019). 이를 통해 기업은 고객이 원하는 제품과 서비스의 틈새시장을 찾아내고, 경쟁사의 약점을 공략하며 고객의 불만 요소를 해결할 방안을 모색할 수 있다. 예를 들어, 기업은 소셜 미디어와 고객 리뷰 데이터를 활용해 고객의 다양한 니즈와 불만을 실시간으로 파악하고 이에 대한 대응 전략을 빠르게 수립할 수 있다.

두 번째로, AI는 STP(Segmentation, Targeting, Positioning) 전략 수립에서도 중요한 역할을 한다. AI 기술은 고객을 다양한 기준으로 세분화(Segmentation)하여 각 그룹의 특성을 정확히 파악하고, 이를 바탕으로 표적시장(Targeting)을 명확히 설정할 수 있게 한다. 또한, AI는 고객의 행동 데이터를 분석해 가장 효과적인 포지셔닝(Positioning) 전략을 도출하도록 돕는다(Davenport & Ronanki, 2018). 예를 들어, AI는 고객의 구매 패턴과 선호도를 기반으로 세분화된 고객군마다 맞춤형 마케팅 메시지를 생성하고 전달할 수 있다.

세 번째로, AI 기반의 브랜딩 전략은 4P 전략(Product, Price, Place, Promotion)을 통해 더욱 차별화된 요소를 제공한다. 제품 개발 단계에서 AI를 활용해 고객의 요구와 최신 트렌드를 반영한 혁신적인 제품을 설계할 수 있다. 또한 경쟁사의 가격 전략과 시장 수요를 분석해 최적의 가격을 설정하고, 효율적인 유통 경로를 설계하며, 개인화된 프로모션을 통해 고객에게 더 큰 가치를 제공할 수 있다(Wedel & Kannan, 2016).

이처럼 AI를 활용한 고객 중심의 브랜딩 전략은 기업이 경쟁에서 우위를 점하도록 돕고, 고객에게 더욱 매력적인 가치를 제공함으로써 기업을 지속 가능한 성장으로 이끈다. AI 기술은 정교하고 효율적인 데이터 분석을 통해 마케팅 전략의 수립과 실행을 최적화하여 변화하는 시장 환경에 유연하게 대응할 수 있게 한다(Davenport & Ronanki, 2018). 특히 AI를 통한 차별화된 마케팅 접근방식은 고객 경험을 개선하고 브랜드 이미지를 강화하는 데 중요한 역할을 한다(Kotler & Keller, 2016).

결론적으로, AI 기술은 고객 중심의 마케팅 전략을 강화해 기업이 고객의 기대를 충족하고, 브랜드 가치를 높이는 데 핵심적인 도구로 자리 잡고 있다. 이를 통해 기업은 고객과의 관계를 강화하고, 변화하는 시장에서 지속 가능한 성장을 달성할 수 있다.

참고문헌

Buhalis, D. & Amaranggana, A.(2015). Smart tourism destinations enhancing tourism experience through personalisation of services. In Tussyadiah, I. & Inversini, A. (Eds.), *Information and communication technologies in tourism 2015*. Springer. pp.377–389 https://doi.org/10.1007/978-3-319-14343-9_28

Chaffey, D. & Ellis-Chadwick, F.(2019). *Digital marketing: Strategy, implementation and practice* (7th ed.). Pearson.

Davenport, T. H. & Ronanki, R.(2018). Artificial intelligence for the real world. *Harvard business review*, 96(1), pp.108–116.

Gretzel, U., et al.(2015). Smart tourism: Foundations and developments. *Electronic markets,* 25(3), pp.179–188. https://doi.org/10.1007/s12525-015-0196-8

Kotler, P. & Keller, K. L.(2016). *Marketing management* (15th ed.). Pearson.

Rust, R. T. & Huang, M. H.(2014). The service revolution and the transformation of marketing science. *Marketing science*, 33(2), pp.206–221. https://doi.org/10.1287/mksc.2013.0836

Wedel, M. & Kannan, P. K.(2016). Marketing analytics for data-rich environments. *Journal of marketing*, 80(6), pp.97–121.

06
스포츠 투어리즘 미디어

1970년대 보조적 역할에 그쳤던 스포츠 미디어가 1980년대 이후 인기와 기술 발전으로 스포츠 산업의 필수 요소가 되었다. AI는 스포츠 중계를 혁신하며 경기 상황 분석, 자동 하이라이트 생성, 맞춤형 콘텐츠 제공 등을 통해 시청 경험을 향상한다. 실시간 데이터 분석을 통해 선수의 움직임을 예측하고, 개인 선호에 맞춘 콘텐츠, 자동 카메라 제어와 음성 인식을 활용한 다국어 자막으로 글로벌 팬층을 위한 서비스를 지원한다. 기술 발전은 스포츠 중계 품질을 높이고, 몰입감 있는 경험을 가능하게 하여 스포츠 미디어의 역할을 한층 확장한다.

스포츠 중계의 혁신

1970년대 스포츠 미디어는 경기장 분위기와 같은 정보를 전달하는 보조적 역할에 그쳤다. 그러나 1980년대에 들어 스포츠의 인기가 급증하면서, 미디어 기술의 발전과 기업들의 과감한 투자에 힘입어 스포츠 산업은 본격적으로 성장하기 시작했다. 특히 미디어는 스포츠 산업에서 필수적인 요소로 자리 잡았고, 고도의 스포츠 중계 기술은 스포츠 상품을 유 · 무형의 고품질 상품으로 변모시키는 데 중요한 역할을 했다(Gantz & Wenner, 2015). 송출 기술의 발전으로 스포츠 콘텐츠의 유통망은 국외로 확장되었고, 스마트폰과 차세대 미디어의 등장으로 소비자들은 언제 어디서나 스포츠 상품을 소비할 수 있게 되었다. 현재 AI는 이러한 전통적인 미디어 환경을 새로운 차원으로 이끌고 있다.

스포츠 경기를 미디어 상품으로 제작하기 위해서는 카메라와 오디오 장비, 실시간 편집기, 컴퓨터 그래픽 장비(CG), 중계 송출 장비 등 다양한 미디어 장비와 기술이 필요하다. 생생한 스포츠 중계를 위해 빈틈없는 촬영이 필수적이며, 이를 통해 고객은 실제 경기장에 있는 것 같은 경험을 할 수 있다. 미디어는 편집 장비를 통해 중요한 영상을 이어 붙이고 오디오와 그래픽을 추가하여,

TV, 모바일, 인터넷 등 다양한 매체에 적합하게 가공한 콘텐츠를 신속하게 송출한다(Hutchins & Rowe, 2012). 스포츠 중계는 생방송일수록 가치가 높아지기 때문에, 신속하고 높은 품질의 콘텐츠 제작이 중요하다.

최근 몇 년간 AI는 스포츠 중계에 혁신적인 변화를 가져왔다. AI는 경기 중 발생하는 다양한 상황을 실시간으로 분석하여 해설자와 시청자에게 유용한 정보를 제공한다. 또한 AI는 자동으로 하이라이트를 생성하고, 시청자에게 맞춤형 콘텐츠를 제공하여 더 높은 만족도를 제공한다. 스포츠 중계는 기존에 중계 피디나 관계자에 의해 전달되던 전통적인 방식에서 벗어나, 이제 AI를 통한 시청자와의 소통으로 더욱 다양화되고 있다(Brady et al., 2021; Pan et al., 2021).

구체적으로 보면, 첫째로 AI는 방대한 데이터를 실시간으로 분석해 경기 중 발생하는 다양한 상황을 예측하고 해설자와 시청자에게 유용한 정보를 제공한다. 예를 들어, 선수의 움직임을 분석해 부상 위험을 예측하거나, 팀의 전술 변화를 감지해 경기의 흐름을 설명할 수 있다. 이러한 데이터 분석은 해설자에게는 깊이 있는 해설을 가능하게 하고, 팬들에게는 새로운 시청 경험을 제공한다(Ramagundam, 2022; Boyle & Haynes, 2009).

둘째, AI는 중요한 순간을 자동으로 감지하고 하이라이트 클립을 생성해 준다. 골이나 홈런, 스매시 등 중요한 순간을 실시간으로 포착해 즉시 하이라이트로 제공함으로써, 시청자들이 핵심 장면을 놓치지 않도록 돕는다(김상범 · 정지규, 2021).

셋째, AI는 시청자의 선호도를 분석해 개인 맞춤형 콘텐츠를 제공할 수 있다. 특정 팀이나 선수에 대한 관심이 높은 시청자에게 해당 팀의 하이라이트나 선수의 독점 인터뷰를 제공함으로써, 시청자는 자신이 선호하는 콘텐츠를 더 많이 접하게 되어 만족도가 높아진다(박대민, 2022; Girbau Xalabarder, 2021).

넷째, AI는 자동으로 카메라를 제어해 최적의 시각적 경험을 제공한다. AI 알고리즘으로 경기장의 움직임을 분석해 가장 흥미로운 장면을 포착하고, 이에 맞춰 카메라를 조정할 수 있다. 이로 인해 카메라 운영 인력의 부담을 줄이고, 더욱 정교한 중계가 가능하다.

다섯째, 음성 인식 기술은 실시간 중계에 자동 자막을 제공하고, 다양한 언어로 번역된 자막을 통해 글로벌 팬층을 대상으로 한 서비스 품질을 높인다. AI는 또한 카메라 제어와 함께 인터랙티브 콘텐츠 개발에도 활용되어, AI 기반 가상 경기 관람 시스템을 통해 팬들에게 몰입감 있는 경험을 제공한다. 팬들은 가상 현실(VR) 헤드셋을 통해 생생한 관람을 즐길 수 있고, AI는 경기 정보를 실시간으로 제공해 팬들과의 상호작용을 강화한다(Marr, 2019).

결론적으로, AI는 스포츠 중계에 혁신을 가져오고 있다. 과거의 정보 전달 역할에서 벗어나, 고도화된 중계와 송출 기술을 통해 스포츠 콘텐츠는 전 세계로 확장되고 있다. AI의 도입으로 콘텐츠 창작 과정의 효율성이 극대화되고, 팬 경험 또한 크게 향상했다. 앞으로 AI는 데이터 분석, 자동 하이라이트 생성, 맞춤형 콘텐츠 제공 등으로 중계 품질을 더욱 높이고, 스포츠 중계를 흥미롭고 몰입감 있게 발전시킬 것이다. AI의 발전에 따라 스포츠 중계는 더욱 다채롭고 풍부한 콘텐츠를 제공하게 될 것이며, 새로운 기회를 창출할 것으로 기대된다.

미디어 마케팅

스포츠 투어리즘 미디어(Sports Tourism Media)는 스포츠 투어리즘 상품에 미디어를 접목하여 그 형태와 시스템을 변화시키는 것을 의미한다. 이러한 변화는 미디어 기술의 발전과 밀접하게 연관되어 있으며, 현재 미디어는 스포츠 상품화와 흥행을 촉진하는 필수적인 수단으로 자리 잡고 있다. 미디어를 통해 스포츠 상품의 가치를 높이면 소비자 만족도가 향상되고, 이는 소비 증가로 이어질 수 있다. 특히, AI와 같은 뉴미디어는 스포츠뿐만 아니라 소비자의 관람 행동에도 영향을 미치기 때문에, 많은 스포츠 단체와 방송사들이 스포츠 상품을 미디어 마케팅에 적극 활용하고 있다(Coakley & Dunning, 2000; Hutchins & Rowe, 2012).

미디어는 기존 상품의 인지도를 높이고 제품의 가치를 변화시키기에 효과적이지만, 이러한 전략은 일반적으로 단기적이며 메시지가 지속적이지 않은 경우가 많다. 따라서 미디어를 활용하는 기업들은 표적 집단에 정확한 메시지를 효과적으로 전달하여 그 효과를 극대화하려고 한다(Ratten, 2017; 송해룡, 2001). 이 부분에서 AI가 큰 역할을 하고 있다. AI 기반의 맞춤형 콘텐츠 추천 시스템은 메시지 전달의 효율성을 높여 광고주의 요구를 충족하고, 광고나 홍보의 효과를 극대화할 수 있다(Williams & Chinn, 2010).

유튜브, 페이스북, 인스타그램, 네이버 검색 광고, 구글 애드센스(Google AdSense)와 같은 채널을 활용하면, 축적된 소비자 정보를 기반으로 AI가 실시간으로 전략을 수정할 수 있다. 이는 미디어 마케팅 과정에서 고객 반응에 따라 신속하고 유연하게 대응할 수 있는 장점을 제공한다. 예를 들어, 머신 러닝 기술은 사용자의 타깃에 맞는 관련 미디어를 찾아내고, 네이버나 구글 같은 플랫폼이 제공하는 소비자 데이터(관심 키워드, 위치, 구매 전환율 등)를 분석해 적절한 타이밍과 가격에 맞는 채널을 타기팅할 수 있도록 한다(Van Esch & Stewart Black, 2021).

스포츠 투어리즘 분야에서 미디어의 주요 목표는 기존 상품의 인지도를 높이고 제품의 가치를 변화시키는 것이다. 기업들은 시장 세분화와 표적 시장에 맞춘 포지셔닝을 통해 차별화된 전략을 수립하고, 이를 바탕으로 브랜드 가치를 창출하는 미디어 전략을 구상해야 한다. 디지털 미디어와 AI 기술은 이러한 전략적 접근을 더욱 효과적으로 만들어, 다양한 유통 채널과 타기팅을 통해 소비자에게 더 큰 가치를 제공할 수 있다(Fullerton, 2021).

전략을 수립하기 위해서는 미디어 특성 분석, 소비자 분석, 미디어 특성 구조화, 전략 구체화 등의 단계를 거쳐야 한다. 기업의 기본 이념을 바탕으로 미디어 특성을 활용할 전체적인 틀을 마련해 기업 목표와 미디어 활용이 예상되는 이미지와 일치하도록 해야 한다.

첫째, 미디어 특성 분석을 통해 타 미디어나 광고와의 중복을 피하고, 차별성과 희소성을 분석해야 한다. 경쟁이 치열한 시장에서는 타 상품과의 차별화가 필수적이며, 미디어 기술 분석을 통해 원하는 상품 이미지를 구현할 수 있는지 검토해야 한다.

둘째, 소비자 분석을 통해 미디어 이용자와 실제 상품 구매층의 공통점을 파악해야 한다. 미디어 이용자와 구매층이 일치하지 않으면 스포츠 미디어 마케팅의 효과가 떨어질 가능성이 크기 때문에, 소비로 이어지지 않는다면 마케팅 전략으로서 성공할 수 없다.

셋째, 상품의 포지셔닝과 목표 집단, 전달 메시지를 미디어 특성에 맞게 구체화해야 한다. 구체화한 상품은 TV 채널, 인터넷 전문 채널, SNS 등 다양한 유통망을 통해 배포되며, 미디어 특성상 실행과 동시에 홍보를 진행하고, 피드백을 통해 개선점을 찾아야 한다(Tuten, 2023).

결과적으로, 스포츠 투어리즘 미디어는 스포츠 상품의 가치를 극대화하고 소비자의 관심을 유도하는 강력한 도구로 자리 잡고 있다. 미디어 기술의 발전과 함께, 기업들은 AI와 같은 새로운 미디어를 활용해 더욱 정교한 마케팅 전략을 수립하고, 스포츠 상품의 인지도를 높이며 브랜드 가치를 향상하고 있다. 성공적인 전략을 위해서는 시장 세분화, 소비자 분석, 미디어 특성에 맞춘 전략적 접근이 필수다. 특히, AI를 통한 맞춤형 콘텐츠 추천과 실시간 전략 수정은 미디어 마케팅 효과를 극대화하고 기업 목표 달성에 기여할 수 있다. 따라서 기업들은 미디어의 차별성, 소비자 행동 패턴, 기술적 구현 가능성을 철저히 분석해 전략을 구체화하여 경쟁 우위를 확보하고 지속 가능한 성장을 이루어야 한다.

참고문헌

김상범·정지규(2021). 스포츠현장에서 인공지능 판정시스템 도입에 대한 철학적 고찰. ≪한국스포츠학회≫, 19(4), 781-788쪽.

박대민(2022). 미디어 인공지능: 컴퓨터 비전 관련 딥러닝 모델의 미디어 동영상 분야 적용 가능성에 관한 연구. ≪커뮤니케이션 이론≫, 18(1), 111-154쪽.

송해룡(2001). 스포츠방송 중계권과 관련한 새로운 양상 및 쟁점에 관한 고찰: 월드컵방송 중계권을 둘러싼 갈등상황을 중심으로. ≪한국방송학보≫, 15(2), 155-196쪽.

Boyle, R. & Haynes, R.(2009). *Power play: Sport, the media and popular culture*. Edinburgh University Press.

Brady, C., et al.(2021). *AI for sports*. CRC Press.

Coakley, J. & Dunning, E. (Eds.).(2000). *Handbook of sports studies*. Sage.

Fullerton, S.(2021). *Sports marketing*. SAGE Publications.

Gantz, W. & Wenner, L. A. (Eds.).(2015). Sport, media, and the consumption of sporting experience. In *Handbook of Sports and Media* (pp. 75–96). Routledge.

Girbau Xalabarder, A.(2021). *Sports broadcasting and multiple object tracking with deep learning methods.*

Hutchins, B. & Rowe, D.(2012). *Sport beyond television: The internet, digital media and the rise of networked media sport.* Routledge.

Marr, B.(2019). *Artificial intelligence in practice: How 50 successful companies used AI and machine learning to solve problems.* Wiley.

Pan, Y., et al.(2021). Smart director: An event-driven directing system for live broadcasting. *ACM transactions on multimedia computing, communications, and applications (TOMM)*, 17(4), pp.1–18.

Ramagundam, S.(2022). AI-driven real-time scheduling for linear TV broadcasting: A data-driven approach. *International neurourology journal*, 26(3), pp.20–25.

Ratten, V. (2017). *Sports innovation management.* Routledge.

Tuten, T. L.(2023). *Social media marketing* (5nd ed). Sage Publications Limited.

Van Esch, P. & Stewart Black, J.(2021). Artificial intelligence (AI): Revolutionizing digital marketing. *Australasian marketing journal*, 29(3), pp.199–203.

Williams, J. & Chinn, S. J.(2010). Meeting relationship-marketing goals through social media: A conceptual model for sport marketers. *International journal of sport communication*, 3(4), pp.422–437.

07
가상 세계와 스포츠 투어리즘

스포츠 투어리즘은 전통적으로 팬들이 스포츠 이벤트와 명소를 직접 방문하는 형태였지만, 가상 현실과 증강 현실의 등장으로 가상 스포츠 투어리즘이라는 새로운 형태로 발전하고 있다. 예를 들어 제페토에서는 팬들이 가상 경기장에 방문해 경기를 체험하거나 스포츠 용품을 구매할 수 있다. 소프트뱅크와 같은 기업들은 AI와 가상 플랫폼을 통해 고객에게 풍부한 경험을 제공하고 있으며, 이러한 기술은 팬들이 시간과 장소의 제약 없이 스포츠를 즐길 수 있게 한다.

가상 스포츠 투어리즘

스포츠 투어리즘(Sports Tourism)은 스포츠 이벤트나 스포츠 활동을 중심으로 한 관광 형태로, 경제적 효과는 물론 지역사회와 문화 교류를 촉진하는 중요한 역할을 한다. 디지털 혁명이 진행되면서, 스포츠 투어리즘에 가상 현실(VR)과 증강 현실(AR) 기술이 결합한 새로운 형태의 관광이 등장하고 있다. 스포츠 투어리즘을 통해 전 세계의 팬들은 스포츠 이벤트를 관람하거나 스포츠 명소를 방문하며 시간을 보내는 대신, 이러한 기술을 이용해 보다 다양한 즐거움을 경험하고 있다. 다만, 스포츠 투어리즘은 이동과 소비가 전제가 되어야 한다. 예를 들어, 축구 팬은 월드컵이 열리는 국가로, 테니스 팬은 윔블던과 같은 대회가 열리는 영국으로 여행을 떠난다. 이러한 스포츠 투어리즘은 팬들에게 특별한 경험을 제공하며, 해당 지역의 경제에도 기여한다.

그러나 팬들은 다양한 요인으로 인해 실제 여행이 어려운 경우도 있다. 예를 들어, 시간적 여유나 경제적 여건이 뒷받침되지 않거나, 계절적 이유로 경험하고 싶은 이벤트가 열리지 않는 휴장기에는 어려움을 겪는다. 이러한 한계를 극복할 수 있는 해법으로, 가상 현실과 스포츠 투어리즘의 결합이 등장하고 있다. 가상 스포츠 투어리즘(Virtual Sports tourism)이라는 새로운 형태의 관광이다.

2022년 6월, 일본의 통신사 소프트뱅크는 네이버 제트의 가상 세계 플랫폼인 제페토에 '소프트뱅크 숍 인 제페토(SoftBank Shop in ZEPETO)'를 오픈했다. 이 가상 영업점은 아바타 채팅을 통해 365일 24시간 고객 지원 서비스를 제공하며, 오전 10시부터 오후 9시까지는 실제 영업 사원이 상담을 진행하고, 그 외 시간에는 AI 로봇이 안내를 담당한다. 고객들은 아바타를 통해 제품 설명을 듣고, 공식 온라인 매장에서 제품을 구매하거나 오프라인 매장에서 사용할 수 있는 쿠폰을 받을 수 있다. 이는 가상 현실을 통해 현실 세계에서의 소비 활동과 새로운 경험을 제공하는 사례라 할 수 있다.

네이버 제트의 제페토는 2018년 출시 이후 글로벌 가입자 3억 명을 돌파했으며, 다양한 아이템을 제작하고 판매할 수 있는 크리에이터 플랫폼 '제페토 스튜디오'를 운영하고 있다. 제페토는 AI 기반 얼굴 인식 기술을 통해 사용자들이 자신만의 3D 증강 현실 아바타를 만들어 가상 공간에서 활동할 수 있도록 한다(ZDNet Korea, 2022). 이 가상 공간에서 스포츠 팬들은 제페토를 통해 가상 스포츠 투어에 참여하며, 경기장 관람, 팬 미팅, 스포츠 관련 이벤트 등을 체험할 수 있다. 예를 들어, 월드컵이 열리는 해에는 제페토에서 가상 월드컵 경기장을 방문하여 경기 관람과 응원을 경험할 수 있다. 이러한 가상 체험은 실제 경기장에 가지 못하는 팬들에게 현장감을 제공하며, 환경적, 계절적 변수로 인한 한계를 극복하는 방안을 제공한다.

가상 스포츠 투어리즘은 테니스 팬들이 윔블던 경기장의 가상 투어에 참여해 경기장 내부를 둘러보거나, 골프 팬들이 오거스타 내셔널 골프 클럽의 가상 투어를 통해 마스터스 토너먼트의 분위기를 느껴 볼 수 있도록 한다. 이는 팬들이 전 세계 어디서나 스포츠 명소를 경험할 수 있게 하며, 현장감에서는 차이가 있을 수 있지만 접근성과 비용 효율성에서 충분한 이점을 제공한다.

가상 스포츠 투어리즘은 소비자 구매 경험 또한 확장한다. 고객들은 아바타를 통해 스포츠 용품점이나 티켓 매장에서 상담을 받거나, AI 로봇의 안내를 통해 제품을 구매할 수 있다. 이러한 접근 방식은 스포츠 투어리즘 상품의 구매 경험을 풍부하게 만들어 주며, 제페토를 통해 팬들은 가상 공간에서 팀 유니폼이나 스포츠 용품을 착용하고 다른 팬들과 공유할 수도 있다. 이는 스포츠 투어리즘의 새로운 형태로, 팬들이 가상 공간에서도 스포츠를 즐기고 소통할 기회를 제공한다.

소프트뱅크는 AI 기술을 적극 도입하여 고객 경험을 혁신하고 있으며, 2015년부터 IBM 왓슨과 협력하여 '소프트뱅크 브레인'을 구축해 콜센터, 매장, 기업 고객 응대 등 다양한 분야에 AI를 활용하고 있다. 이는 소프트뱅크가 제페토 같은 가상 플랫폼에서 더 나은 고객 서비스를 제공하도록 지원하는 원동력이 된다. 이러한 기술 혁신을 통해 스포츠 투어리즘 중개자는 진화해 나가고 있다(IBM Nordic Blog, 2016; Noone, 2024).

결론적으로, 스포츠 투어리즘과 가상 현실의 결합은 새로운 형태의 관광 경험을 제시한다. 소프트뱅크와 제페토의 협력 사례는 이러한 가능성을 보여 주는 좋은 예시다. 가상 현실을 통해 팬들은 더 편리하고 풍부한 스포츠 경험을 즐길 수 있으며, 이는 스포츠 투어리즘의 발전에 기여할 것이다. 이러한 기술 혁신을 통해 더 많은 사람이 가상 스포츠 투어리즘을 즐길 수 있기를 기대한다.

신세계

스포츠 팬들은 스포츠 이벤트와 활동을 중심으로 한 여행을 통해 새로운 경험과 문화를 즐길 수 있다. 디지털 기술의 발전으로 가상 현실과 증강 현실을 결합한 새로운 형태의 스포츠 투어리즘이 등장하여, 소비자들이 스포츠 경험과 문화를 더욱 깊이 즐기는 데 시너지 효과를 내고 있다.

예를 들어, 축구로 유명한 스페인의 FC 바르셀로나와 레알 마드리드 구장의 가상 현실 체험관은 이러한 혁신을 잘 보여 준다. FC 바르셀로나는 세계적인 축구 클럽으로, 매년 많은 팬들이 캄 노우(Camp Nou) 구장을 방문하지만, 모든 팬이 직접 경기장을 방문하기는 어려운 현실이다. 접근성 문제나 특정 경기 집중 등으로 인해 팬들은 현장에 갈 기회를 제한받을 수 있다. 이러한 팬들의 요구를 반영하여 FC 바르셀로나는 가상 현실 체험관을 도입, 팬들이 경기가 없는 비수기에도 구장의 분위기와 축구 문화를 느낄 수 있도록 했다.

가상 현실 체험관에서는 팬들이 가상 현실 헤드셋을 착용하고 캄 노우 경기장에 있는 것처럼 경기를 관람할 수 있다. 선수들의 움직임을 가까이에서 볼 수 있고, 경기장의 소리와 분위기를 생생하게 느낄 수 있는 경험을 제공한다. 또한 가상 현실 체험관에서 팬들은 아바타를 통해 라커룸, 기자 회견장, 트로피 룸 등 일반 투어에서 접근하기 어려운 장소들을 탐험할 수 있다. FC 바르셀로나의 역사적인 순간들을 가상으로 재현하여 팀의 역사를 깊이 이해하고, 선수들과의 가상 인터뷰와 상호작용도 경험할 수 있다.

레알 마드리드 또한 산티아고 베르나베우(Santiago Bernabéu) 구장의 가상 현실 체험관을 통해 팬들에게 몰입감 있는 경험을 제공하고 있다. 가상 현실을 통해 팬들은 구장을 구석구석 탐험하고, 라커룸, VIP 룸, 전시관 등을 둘러볼 수 있다. 레알 마드리드의 역사적인 순간을 재현한 콘텐츠는 팬들이 클럽의 전통과 성과를 더욱 깊이 이해할 수 있도록 돕는다(Brochado et al., 2021).

가상 현실과 증강 현실은 스포츠 투어리즘에 몇 가지 긍정적인 영향을 미친다. 첫째로, 접근성을 향상한다. 경기장을 직접 방문하기 어려운 팬들도 특정 장소에서 경기와 구장을 체험할 수 있으며, 이는 글로벌 팬들에게 특정 스포츠의 매력을 알리는 데 기여한다. 둘째로, 틈새시장을 통한 비용 절감과 수익 창출이 가능하다. 가상 현실과 증강 현실은 경기장 방문객뿐 아니라 온라인 팬들에게도 수익을 창출할 수 있어 구단의 재정적 안정성에 도움이 된다(Callejo & Forcadell, 2006). 셋째로, 팬 충성도를 강화할 수 있다. 실감 나는 경기 관람, 선수와의 가상 상호작용, 팬 이벤트 등을 통해 팬들의 몰입감을 높이고 팀에 대한 애정을 높일 수 있다(Bideau et al.,

2009).

FC 바르셀로나와 레알 마드리드의 가상 현실 체험관은 스포츠 투어리즘의 미래를 보여 준다. 가상 스포츠 투어리즘은 발전된 기술을 통해 팬들에게 더욱 다양하고 현실감 있는 경험을 제공할 수 있을 것으로 기대된다. 앞으로 홀로그램 기술을 활용해 팬들이 가상 현실에서 실제 선수들과 훈련하는 경험을 하거나, 증강 현실을 결합해 실제 경기장에서 가상 요소를 즐기는 혼합 현실 경험도 가능할 것이다(Ginesta, 2017). 스포츠 투어리즘은 디지털 혁신을 통해 새로운 국면을 맞이하고 있으며, 이러한 기술은 스포츠 투어리즘의 발전에 크게 기여할 것이다. 앞으로도 이러한 혁신적인 접근을 통해 더 많은 사람들이 스포츠 투어리즘을 즐길 수 있기를 기대한다.

스포츠 문화와 논란, 그리고 기술의 역할

스페인의 투우(bullfighting)는 문화적, 역사적으로 깊은 뿌리를 가진 전통 스포츠다. 투우는 "코리다 데 토로스(corrida de toros)"라고 불리며, 스페인, 포르투갈, 프랑스 남부, 라틴 아메리카 일부 국가에서 주로 열린다. 경기는 투우사(matador)가 경기장에서 황소와 대결하는 형태로 진행되며, 고도의 기술과 용기가 요구된다. 투우의 기원은 로마 시대 황제를 기리기 위한 경기에서 비롯되었으며, 중세 스페인에서는 귀족들 사이에서 인기를 끌었다. 현대의 투우는 18세기 후반 스페인에서 확립되었고, 이 시기에 스페인 전역에서 귀족과 대중 모두에게 중요한 오락거리로 자리 잡았다(Mitchell, 1991). 투우는 세 단계로 나뉜다. 말을 타고 창을 사용하여 황소를 제압하는 테르시오 데 바라스(Tercio de Varas), 황소의 등에 막대기를 꽂는 테르시오 데 반데리야스(Tercio de Banderillas), 투우사가 검으로 황소를 쓰러뜨리는 테르시오 데 무에르타(Tercio de Muerte)다(Cohen, 2014).

하지만 투우는 황소를 다루는 과정에서 동물 권리와 윤리에 대한 논란을 불러일으킨다. 투우는 스페인의 중요한 문화유산으로 여겨지지만, 동물 권리 단체들은 이를 잔인하고 비인도적이라 비판하며 금지를 요구한다. 예를 들어, 페타(PETA, People for the Ethical Treatment of Animals)와 같은 단체는 투우를 "잔인한 전통 스포츠"로 규정하고 폐지를 촉구하고 있다. 반면, 투우 지지자들은 이를 예술로 보고, 스페인의 문화유산으로서 보존할 가치가 있다고 주장한다(Douglass, 1999). 스페인 내에서도 투우에 대한 법적 상황은 지역에 따라 다르다. 카탈루냐와 발레아레스 제도에서는 투우가 금지되어 투우장이

쇼핑센터로 개조된 반면, 마드리드와 안달루시아에서는 여전히 인기 있는 전통으로 남아 있다. 이는 지역 주민들의 문화적 가치와 동물 권리에 대한 인식 차이를 반영한다.

가상 현실과 인공지능(AI)을 통하면 미래의 투우는 전통을 유지하면서도 동물 복지를 고려하는 방식으로 진화할 수 있다. 가상 현실을 활용해 투우 경기와 유사한 경험을 제공할 수 있는데, 예를 들어, 마드리드의 라스 벤타스 투우장(Las Ventas Tour)에서는 가상 투우 체험을 통해 관광객이 가상환경에서 투우사의 역할을 경험할 수 있다. 이를 통해 동물을 다루지 않고도 전통적인 투우의 스릴과 예술성을 즐길 수 있게 된다(Hernando et al., 2010).

현재의 가상 투우 체험은 현실 경험을 보완하는 수준이지만, 기술이 발전함에 따라 AI가 실제 황소의 움직임을 모방하여 더욱 정교한 경험을 제공할 것이다. 가상 현실과 AI 기반의 가상 황소를 통해 전통을 유지하면서도 동물의 고통을 피하고, 윤리적 기준을 충족할 수 있는 새로운 방법을 제시할 수 있다. 이는 투우 문화의 지속 가능성을 보장하면서도 동물 복지를 존중하는 중요한 발전이 될 것이다.

참고문헌

ZDNet Korea.(2022.6.24). 네이버제트-소프트뱅크, 제페토 내 '메타버스 영업점' 오픈. https://zdnet.co.kr/view/?no=20220624082935

Bideau, B., et al.(2009). Using virtual reality to analyze sports performance. *IEEE computer graphics and applications*, 30(2), pp.14-21.

Brochado, A., et al.(2021). Dimensions of football stadium and museum tour experiences: The case of Europe's most valuable brands. *Sustainability*, 13(12), 6602.

Callejo, M. B. & Forcadell, F. J.(2006). Real Madrid football club: A new model of business organization for sports clubs in Spain. *Global business and organizational excellence*, 26(1), pp.51-64.

Cohen, E.(2014). Bullfighting and tourism. *Tourism analysis*, 19(5), pp.545-556.

Douglass, C. B.(1999). *Bulls, bullfighting, and spanish identities.* University of Arizona Press.

Ginesta, X.(2017). The business of stadia: Maximizing the use of Spanish football venues. *Tourism and hospitality research*, 17(4), pp.411-423.

Hernando, M., et al.(2010). Ten years of cybertech: The educational benefits of bullfighting robotics. *IEEE transactions on education*, 54(4), pp.569-575.

IBM Nordic Blog.(2016.11.8). Pepper robot and the future of IoT. IBM Nordic Blog. https://www.ibm.com/blogs/nordic-msp/pepper-robot/

Las Ventas Tour. https://lasventastour.com/es/visita-virtual/

Mitchell, T.(1991). *Blood Sport: A Social History of Spanish Bullfighting*. University of Pennsylvania Press.

Noone, G.(2024.5.16). Softbank commits to AI customer service. Tech Monitor. https://techmonitor.ai/techonology/ai-and-automation/softbank-commits-to-ai-customer-service

08
스포츠 투어리즘의 가치 변화 : 디지털 변환과 서비스 중심의 접근

스포츠 투어리즘은 초기에는 경기장 방문 등 하드웨어 중심의 경험 제공에 집중했으나, 2010년대 이후 디지털 기술의 발전으로 서비스 중심으로 전환되었다. 관광객들은 이제 맞춤형 투어나 가상 현실 경기 관람 등을 통해 더욱 몰입감 있는 경험을 기대한다. 디지털 변환은 연결성, 데이터 분석, 개인화, 지속 가능성을 통해 이를 가능하게 한다. 이러한 기술적 변화는 맞춤형 서비스와 지속 가능한 관광을 촉진하여 스포츠 투어리즘 산업을 혁신하고, 고객 만족도를 높이는 데 기여하고 있다.

디지털 변환과 서비스 중심의 접근

스포츠 투어리즘(Sports Tourism)은 다양한 국가와 지역에서 스포츠 이벤트를 중심으로 관광객들에게 새로운 경험을 제공하는 산업이다. 초기에는 주로 경기장과 박물관 같은 하드웨어 중심의 상품을 제공하며, 관광객들은 런던의 윔블던 경기장, 바르셀로나의 캄 노우(Camp Nou) 경기장, 뉴욕의 양키 스타디움 등 유명 스포츠 시설을 방문하며 스포츠와 관련된 물리적 경험을 즐겼다(Mitchell, 1991). 그러나 2010년대 이후, 디지털 기술의 발전에 따라 스포츠 투어리즘은 서비스 중심으로 전환되기 시작했다. 관광객들은 이제 단순히 시설을 방문하는 것에 만족하지 않고, 보다 개인화된 경험을 원한다. 이는 스마트 기술을 통해 가능해졌다. 예를 들어, 관광객들은 실시간 정보 제공, 맞춤형 투어, 가상 현실(VR)을 통한 가상 경기 관람 등의 서비스를 이용하며 더욱 몰입감 있는 경험을 할 수 있다.

이처럼 디지털 변환은 스포츠 투어리즘을 포함한 다양한 관광산업에 큰 영향을 미치며, 고객에게 더욱 가치 있는 경험을 제공할 수 있는 환경을 조성하고 있다(Westerman et al., 2012). 연구에 따르면, 디지털 변환은 연결성, 데이터 분석, 개인화, 지속 가능성이라는 네 가지 핵심 요소로 구성되어 있다(Buhalis & Amaranggana, 2013; Gretzel et al., 2015).

첫째, 연결성은 디지털 변환의 중추적인 역할을 하며, 관광 상품, 중개자, 소비자를 하나로 연결하여 응집력 있는 생태계를 구축한다. 예를 들어, 와이파이(Wi-Fi) 핫스팟, 모바일 앱, 디지털 사이니지(Digital signage) 등을 통해 관광객들은 손쉽게 정보를 얻고, 예약을 하거나 상품을 구매할 수 있다. 이러한 연결성은 관광산업에서 정보의 자유로운 흐름과 중개자 간의 협업을 강화하여 관광객의 접근성을 높인다(Law et al., 2016; Wang et al., 2017).

둘째, 데이터 분석은 스포츠 투어리즘에서 중요한 역할을 한다. 관광청, 지방자치단체, 관광 협회 등은 수집된 데이터를 분석하여 방문자 행동과 선호도, 추세 등을 예측하고 목표를 설정할 수 있다(Xiang et al., 2015). 이는 중개자들이 정보에 입각한 의사 결정을 내리고 관광 경험을 최적화할 수 있도록 도와준다(Gretzel et al., 2016). 또한, 데이터 분석을 통해 자원 배분을 최적화하고 관광객 만족도를 높여 운영 효율성을 극대화할 수 있다.

셋째, 개인화와 지속 가능성은 각 관광객의 요구와 선

호에 맞춰 서비스를 제공하고, 지속 가능한 관광을 실현하는 데 초점을 맞춘다. AI 기반 알고리즘을 활용해 맞춤형 상품과 추천을 제공하는데, 이는 방문객 만족도와 재방문율을 높인다. 또한 친환경 교통수단, 에너지 효율적인 숙박 시설 운영, 자연 보호 프로그램 등을 통해 지속 가능한 관광을 촉진하며, 오버투어리즘(Overtourism) 문제를 최소화할 수 있다.

스포츠 투어리즘은 하드웨어 중심의 초기 접근 방식에서 디지털 기술의 발전을 통해 서비스 중심으로 변화하며 혁신적인 발전을 이루고 있다. 연결성, 데이터 분석, 개인화, 지속 가능성을 통합해 관광객들에게 더욱 맞춤형 경험을 제공하고, 지속 가능한 성장을 촉진하는 환경을 조성하고 있다. 앞으로도 디지털 기술을 적극 활용해 관광객에게 더욱 향상된 경험을 제공하는 것이 중요하다.

서비스 산업의 새로운 패러다임

인공지능(AI)의 발전은 다양한 산업에 혁신적인 변화를 일으키고 있으며, 스포츠 투어리즘도 예외가 아니다. 특히 서비스 산업 측면에서 AI 기술의 도입은 스포츠 경험을 향상하고, 개인화된 서비스를 제공하는 데 중요한 역할을 하고 있다. 스포츠 투어리즘은 스포츠 활동과 관광을 결합한 형태로, 관광객이 여행 중 스포츠를 체험하거나 관람할 기회를 제공하는 산업이다. 이 산업에서 서비스의 질은 관광객의 만족도와 직결되며, AI의 도입은 이러한 서비스를 혁신적으로 개선할 수 있는 잠재력을 지니고 있다(Buhalis & Amaranggana, 2013).

서비스 산업은 고객에게 맞춤형 경험을 제공하는 것이 중요한 분야다. AI는 이러한 맞춤형 서비스를 제공하는 데 있어 핵심적인 도구로 떠오르고 있다. 과거에는 스포츠 투어리즘에서 관광객들이 현장에서 제한된 정보를 바탕으로 스포츠 활동을 선택하고 경험하는 것이 일반적이었다. 그러나 AI는 관광객의 선호도를 분석하여, 그에 맞는 스포츠 활동과 맞춤형 프로그램을 제안함으로써 서비스의 개인화를 가능하게 한다(Wang et al., 2017).

예를 들어, AI 기반 플랫폼은 관광객의 과거 여행 기록, 스포츠 취향, 건강 상태 등을 분석해 적합한 스포츠 투어리즘 패키지를 추천할 수 있다. 이를 통해 고객은 자신에게 가장 적합한 활동을 미리 선택하고 계획할 수 있으며, 고객의 전체적인 여행 경험은 더욱 풍부하고 만족스러워진다(Law et al, 2016). 이러한 변화는 서비스 산업의 핵심인 '개인 맞춤형 서비스'를 실현하는 데 중요한 요소로 작용하며, AI는 이를 가능하게 하는 핵심 기술로 자리 잡고 있다.

스포츠 투어리즘에서 AI는 여러 방식으로 서비스의 질을 높이는 데 활용되고 있다. 첫째, AI는 고객의 경험을 더욱 몰입감 있고 즐겁게 만들기 위해 스포츠 활동 중 실시간 피드백을 제공할 수 있다. 예를 들어, AI 트레이너는 관광객이 참여하는 스포츠 활동에서 개인의 신체 데이터를 실시간으로 분석하고, 그에 따른 피드백을 제공한다. 이는 특히 골프나 웨이트 트레이닝 같은 활동에서 유용하다(Buhalis & Amaranggana, 2013). AI는 사용자의 스윙 자세를 교정하거나, 운동 강도를 조정하는 데 도움을 주며, 이를 통해 더욱 안전하고 효과적인 스포츠 경험을 제공한다.

둘째, AI는 스포츠 활동 중 부상을 예방하는 데 중요한 역할을 할 수 있다. 웨어러블 기기와 연동된 AI 시스템은 실시간으로 관광객의 신체 상태를 모니터링하고, 부상의 징후를 조기에 감지한다. 예를 들어, AI는 사용자의 심박수나 근육 피로도를 분석하여 일정 수준 이상의 과도한 움직임을 경고할 수 있다. 이를 통해 고객은 부상을 예방하고, 더욱 안전하게 스포츠를 즐길 수 있다. 이러한 기술은 스포츠 투어리즘의 안전성과 신뢰도를 높여 고객 만족도를 극대화할 수 있다(Law et al., 2016).

셋째, AI는 스포츠 투어리즘에서 시간과 장소의 제약을 극복할 수 있는 서비스를 제공한다. AI 기반 피트니스 플랫폼이나 가상 스포츠 체험 기술을 활용하면 소비자는 언제 어디서나 스포츠 활동에 참여할 수 있다. 예를 들어, 가상 현실과 결합된 AI 기술은 실제로 방문하지 않아도 특정 지역에서의 스포츠 체험을 제공할 수 있다. 이는 물리적 제약 없이 다양한 스포츠 경험을 가능하게 하며, 관광객에게 더 많은 선택지를 제공하는 서비스로 이어진다(Wang et al., 2017).

AI의 도입은 서비스 산업에 혁신을 가져오고 있으며, 스포츠 투어리즘도 그 혜택을 누리고 있다. 가장 큰 변화는 서비스의 개인화와 효율성에서 나타난다. AI는 관광객의 선호도와 요구 사항을 실시간으로 분석하여, 그에 맞는 서비스를 효율적으로 제공한다. 예를 들어, AI는 고객이 예약한 스포츠 활동의 세부 사항을 분석해 맞춤형 장비 대여, 강사 배치, 시간표 조정 등의 세부적인 서비스를 자동으로 제공할 수 있다. 이는 고객이 별도로 요청할 필요 없이 모든 절차가 매끄럽게 진행되도록 돕는다(The Championships, Wimbledon, 2023).

또한 AI는 스포츠 투어리즘에서 고객 경험을 향상하기 위한 다양한 혁신적인 기능을 제공한다. 예를 들어, AI 기반 챗봇은 관광객이 현장에서 필요로 하는 정보를 즉각적으로 제공하고, 이를 통해 고객의 문의 사항이나 불편 사항을 실시간으로 해결할 수 있다. 이는 고객 서비스의 질을 크게 향상하고, 고객 만족도를 높이는 데 기여한다. 더 나아가, AI는 스포츠 투어리즘에서 생성되는 방대한 데이터를 분석하여 서비스 품질을 지속적으로 개선할 수 있는 인사이트를 제공한다. 고객의 피드백과 경험 데이터를 분석해 효과적인 요소와 개선이 필요한 부분을 파악함으로써, 서비스 제공자는 더욱 나은 서비스를 제공할 수 있다(Buhalis & Amaranggana, 2013).

AI가 스포츠 투어리즘 서비스 산업에 미치는 영향은 앞으로도 더욱 확대될 전망이다. 미래에는 AI를 활용한 더욱 정교한 맞춤형 서비스가 등장할 것이며, 스포츠 활동의 경험이 한층 더 몰입감 있고, 안전하며, 즐거운 방식으로 제공될 것이다. 또한, AI는 관광객의 개별 요구에 맞춘 지속 가능한 스포츠 투어리즘 설루션(solution)을 제공함으로써, 환경 보호와 지속 가능성 측면에서도 중요한 역할을 할 수 있다(Gretzel et al., 2015; Gretzel et al., 2016). 예를 들어, AI는 에너지 효율적인 스포츠 시설 운영을 지원하고, 환경적으로 지속 가능한 관광 루트를 추천하는 데 활용될 수 있다. 또한 AI 기반 데이터 분석은 관광객의 수요를 예측하고, 그에 따라 자원을 적절히 배분함으로써 자원 낭비를 줄일 수 있다(Law et al., 2016). 이는 서비스 산업의 지속 가능성 측면에서도 매우 긍정적인 영향을 미칠 것이다.

결론적으로, AI는 스포츠 투어리즘 서비스 산업에 혁신적인 변화를 가져오고 있으며, 이는 고객 경험을 향상하고 서비스의 효율성을 높이는 데 중요한 역할을 하고 있다. AI를 통한 맞춤형 서비스 제공, 실시간 피드백, 부상 예방 및 안전 관리, 가상 스포츠 체험 등의 기능은 스포츠 투어리즘을 한 단계 더 발전시킬 것이다. 또한 AI는 환경적인 지속 가능성을 고려한 스마트한 서비스 제공을 가능하게 하며, 스포츠 투어리즘 산업의 미래를 더욱 밝고 혁신적으로 만들 것이다(Buhalis & Amaranggana, 2013). AI와 스포츠 투어리즘의 결합은 고객들에게 더 나은 서비스를 제공하는 동시에, 서비스 산업의 경쟁력을 높이는 중요한 열쇠가 될 것이다.

참고문헌

Buhalis, D. & Amaranggana, A.(2013). Smart tourism

destinations. In *Information and communication technologies in tourism 2014*: Proceedings of the international conference in Dublin, Ireland, January 21–24, 2014. Springer International Publishing. pp. 553–564.

Gretzel, U., et al.(2015). Smart tourism: Foundations and developments. *Electronic markets*, 25(3), pp.179–188. https://doi.org/10.1007/s12525-015-0196-8

Gretzel, U., et al.(2016). Application of smart tourism to cities. *International journal of tourism Cities*, 2(2).

Law, R., et al.(2016). Progress on information and communication technologies in hospitality and tourism. *International journal of contemporary hospitality management.*, 26(5), pp.727–750.

Law, R., et al.(2016). Distribution channel in hospitality and tourism: Revisiting disintermediation from the perspectives of hotels and travel agencies. *Tourism management*, 52, pp.234–246.

Mitchell, T.(1991). *Blood sport: A social history of spanish bullfighting*. University of Pennsylvania Press.

The Championships, Wimbledon.(2023). AI technology in sports: Enhancing fan experience and tournament efficiency.

Wang, D., et al.(2017). Smartphone use in everyday life and travel. *Journal of travel research*, 55(1), pp.52–63.

Westerman, G., et al.(2012). The digital advantage: How digital leaders outperform their peers in every industry. *MIT Sloan Management Review*.

Xiang, Z., et al.(2015). What can big data and text analytics tell us about hotel guest experience and satisfaction?. *International journal of hospitality management*, 44, pp.120–130.

09
AI를 활용한 예측과 분석

AI는 빅 데이터와 머신 러닝을 활용해 정교한 예측과 분석을 제공하며, 다양한 산업의 의사 결정을 지원한다. 머신 러닝은 데이터를 통해 학습하고 예측하는 기술로, 스포츠 경기 예측과 전략 수립에 유용하며, 팀 성적, 선수 기록 등을 분석해 경기 결과를 예측하고, 베팅 산업에도 기여한다. AI는 금융 시장에서도 주식 예측에 사용되어 자동화 거래를 돕고, 뉴스 기사 분석을 통해 투자 전략을 개선한다. 이러한 기술은 스포츠 투어리즘의 매력과 운영 효율성 향상에도 중요한 역할을 하고 있다.

예측과 분석

AI는 다양한 산업에서 예측과 분석을 통해 중요한 의사 결정을 지원하고 있으며, 빅 데이터와 머신 러닝 알고리즘의 발전으로 더욱 정교하고 정확한 예측과 분석을 제공할 수 있게 되었다. 머신 러닝(Machine Learning)은 인공지능(AI)의 한 분야로, 컴퓨터가 데이터를 통해 학습하고 예측이나 결정을 내릴 수 있도록 하는 기술이다. 기본 과정은 데이터 수집, 데이터 전처리, 모델 선택 및 훈련, 모델 평가, 모델 튜닝, 예측 및 적용으로 이루어진다. 이를 통해 데이터를 분석하고 판단하고 예측할 수 있어, 데이터를 기반으로 한 자동화된 의사 결정 시스템을 구축하는 데 매우 유용하다(IBM, n.d.; Red Hat, 2023; SAP, n.d.).

AI를 활용한 예측과 분석 기능은 스포츠 경기 예측에서 유용하게 쓰이며, 베팅 산업이나 팀 전략 수립에 기여할 수 있다. 스포츠 경기 예측에서는 팀 성적, 선수 기록, 경기 조건 등을 분석해 경기 결과를 예측하는데, 이는 과거 사용했던 도구보다 오차를 줄이고, 많은 데이터를 신속하고 효율적으로 활용할수록 정확도가 높아진다. 스포츠 베팅 산업에서는 AI 분석을 통해 팀 성적을 상대 팀 전력과 비교하고 다양한 변수를 대입해 다방면으로 접근할 수 있으며, 이를 통해 상대 팀의 약점을 파악하고 이에 맞는 전략을 준비할 수 있다(Fialho et al., 2019).

다양한 스포츠에서는 선수의 움직임, 패스 성공률, 슈팅 정확도 등을 분석하여 경기 전략을 최적화하고, 선수의 체력 상태와 부상 가능성을 예측할 수 있다. 실시간으로 분석한 자료들은 코칭스태프에게 전술적 조언을 제공할 수 있으며, 예를 들어 테니스에서는 서브 속도, 랠리 패턴, 특정 위치에서의 성과 등을 분석하여 경기 결과를 예측할 수 있다. 골프에서는 선수의 스윙 데이터와 코스 조건을 분석하여 경기 전략 수립에 도움을 주며, 야구에서는 팀 전술 분석과 상대 팀 전략 예측, 자전거 경주에서는 참가자의 체력 상태와 코스 난이도를 분석해 경주 결과를 예측할 수 있다(Dinca-Panaitescu & Dinca-Panaitescu, 2023).

금융 시장에서도 AI는 과거 주식 가격 데이터와 경제 지표, 뉴스 기사 등을 분석하여 주식의 미래 가격을 예측하고 있다. 이를 통해 투자자들은 더 나은 투자 결정을 내릴 수 있으며, AI 기반 알고리즘 트레이딩 시스템은 실시간으로 데이터를 분석해 자동으로 거래를 수행한다(Omike, 2021). 이러한 AI 기반 시스템은 투자자들이 실시간 데이터를 바탕으로 최적의 거래 타이밍을 잡도록 돕고, AI가 스스로 학습하여 거래 전략을 개선해 나간다. 예를 들어, 뉴스 기사에서 특정 기업에 대한 긍정적 혹은 부정적 언급이 증가할 때, AI는 이를 파악하고 주식 거래에 반영하여 자동으로 거래를 진행할 수 있다(Hubáček et al., 2019).

이처럼 머신 러닝 알고리즘은 다양한 스포츠 종목에서 다양한 데이터를 활용해 경기 예측, 선수 퍼포먼스 분석, 운영 효율성 최적화 등 여러 방면에서 도움을 줄 수 있다. 이를 통해 스포츠 투어리즘(Sports Tourism)과 같은 분야도 더욱 매력적이고 효과적으로 운영될 수 있으며, 머신 러닝을 활용한 데이터 분석은 스포츠 투어리즘의 지속적인 발전과 혁신을 이끌어 갈 중요한 요소로 자리 잡고 있다. AI와 머신 러닝의 발전은 각 산업에 혁신을 가져오며, 데이터 분석과 예측을 통해 더욱 스마트한 운영을 가능하게 하고 있다.

스포츠 베팅

스포츠 베팅 산업은 AI 도입으로 고객 편의성을 높이고, 보다 효율적인 접근 방식을 제시하고 있다. AI는 과거 데이터를 분석하고 복잡한 패턴을 식별하며, 높은 정확도로 경기 결과를 예측할 수 있게 한다. 이로 인해 스포츠 베팅은 더욱 과학적이고 정교하게 운영될 수 있다. 이에 스포츠 베팅 산업에는 데이터 분석과 머신 러닝 기술이 적극 활용되고 있다.

AI는 방대한 데이터를 처리하고 분석하는 데 탁월하다. 머신 러닝 알고리즘은 팀의 과거 성적, 선수 기록, 경기 조건 등을 분석해 경기 결과를 예측한다. 예를 들어, 특정 팀이 어떤 조건에서 강한지, 특정 선수가 어떤 상황에서 좋은 성과를 내는지를 파악할 수 있다. 이러한 분석은 고객이 스포츠를 객관적으로 평가하고 베팅하는 데 도움을 준다. AI는 실시간 데이터 분석을 통해 경기 중 다양한 상황을 예측하며, 이를 통해 베팅 참가자들은 더 정확한 정보에 기반해 베팅을 할 수 있다.

미국의 드래프트킹즈(DraftKings)와 팬듀얼(FanDuel)은 AI를 활용해 베팅 확률을 설정하고, 사용자들에게 맞춤형 베팅 옵션을 제공한다. 이들은 방대한 데이터베이스와 고도화된 분석 기법을 통해 사용자 경험을 향상한다. 영국의 베트365(Bet365)는 실시간 데이터 분석으로 고객 베팅을 지원한다. 피너클(Pinnacle)은 AI와 머신 러닝을 통해 경기 결과를 예측하고 베팅 확률을 설정하는 데 선두 주자로, 복잡한 데이터 분석을 통해 정확하고 신뢰할 수 있는 베팅 확률을 제공한다. 스포츠레이더

(Sportradar)는 스포츠 데이터를 수집, 분석해 다양한 베팅 회사와 고객에게 제공하며, AI를 통해 실시간 데이터 분석과 경기 예측을 수행한다.

AI를 활용하는 스포츠 베팅 회사들은 정확성 향상과 사용자 경험 개선을 통해 새로운 기회를 창출하며 상품의 질을 높이고 있다. AI는 사람보다 더 많은 데이터를 빠르게 분석하여 경기 결과 예측 정확도를 높이고, 베팅 확률을 계산할 때 신뢰성을 강화한다. 이들 기업은 맞춤형 베팅 옵션과 실시간 예측 정보 제공을 통해 베팅 서비스의 질을 높이고 있으며, 이는 사용자들이 더 즐겁고 만족스러운 베팅 경험을 할 수 있도록 돕는다.

그러나 이러한 기술 발전에는 부정적 영향도 따른다. 불법 도박 증가, 데이터 프라이버시 침해, 공정성 문제 등이 이에 해당된다. AI의 정확한 예측과 맞춤형 베팅 옵션은 도박 중독을 유발할 가능성이 있다. 도박은 개인의 경제적, 사회적, 심리적 건강에 부정적인 영향을 미칠 수 있다(Gainsbury, 2012). 또한 AI가 사용자 데이터를 분석해 맞춤형 베팅 옵션을 제공하기 위해서는 방대한 개인 정보가 필요하며, 이 과정에는 사용자 프라이버시가 침해되거나 데이터가 유출될 위험이 존재한다(Acquisti et al., 2015).

AI 알고리즘이 베팅 확률을 설정하는 과정에서 불공정한 요소가 개입될 가능성도 있다. 이는 특정 사용자에게 유리하거나 불리한 결과를 초래할 수 있으며, 베팅의 공정성을 저해할 수 있다. 알고리즘이 편향된 데이터를 바탕으로 작동하면, 일부 사용자는 부당한 이익을 얻거나 손해를 볼 수 있다. 이는 도박의 공정성을 훼손하는 요소로 작용할 수 있다(O'Neil, 2016).

스포츠 베팅에서 AI 도입은 산업 전반에 걸쳐 혁신을 일으킬 것으로 기대된다. AI는 데이터 분석, 실시간 예측, 패턴 인식 등의 기술을 통해 경기 결과 예측 정확성을 높이고, 사용자 경험을 개선하며, 새로운 기회를 창출하고 있다. 그러나 도박 중독 문제, 데이터 프라이버시 침해, 공정성 문제 등의 부정적 영향도 존재한다. 이를 보완하기 위해 견고한 AI 소프트웨어 테스트 체계를 마련하는 등 다양한 안전장치가 필요하다. AI 기술 발전은 스포츠 베팅 산업의 미래를 밝고 혁신적이게 만들 것이며, 이러한 변화는 스포츠 팬들에게 더욱 흥미롭고 풍부한 경험을 제공할 것이다(Omike, 2021).

참고문헌

Acquisti, A., et al.(2015). Privacy and human behavior in the age of information. Science, 347(6221), pp.509–514.

Bet365. https://www.bet365.com/

Dinca–Panaitescu, T. & Dinca–Panaitescu, S.(2023). Artificial intelligence in the sports industry. *AI and society*. Chapman and Hall/CRC, pp.113–125.

DraftKings. https://www.draftkings.com/

FanDuel. https://www.fanduel.com/

Fialho, G., et al.(2019). Predicting sports results with artificial intelligence – a proposal framework for soccer games. *Procedia computer science*, 164, pp.131–136.

Gainsbury, S.(2012). *Internet gambling: Current research findings and implications*. Springer Science & Business Media.

Hubáček, O., et al.(2019). Exploiting sports–betting market using machine learning. *International journal of forecasting*, 35(2), pp.783–796.

IBM.(n.d.). What is Artificial Intelligence (AI)?. Retrieved July 31, 2024. https://www.ibm.com/topics/artificial–intelligence

O'Neil, C.(2016). Weapons of math destruction: How big data increases inequality and threatens democracy. Crown Publishing Group.

Omike, C.(2021). Using AI/Machine Learning in Gambling Applications (Case Study of Machine Learning for Operational Decision Making in Casinos). Available at SSRN 4025575.

Pinnacle. https://www.pinnacle.com/

Red Hat.(2023.10.23). Understanding AI/ML use cases. https://www.redhat.comhttps://www.redhat.com/en/topics/ai/ai–ml–use–cases

SAP.(n.d.). What is machine learning? | Definition, types,

examples. Retrieved July 31, 2024,
https://www.sap.com/products/artificial-intelligence/what-is-machine-learning.html

Sportradar. https://www.sportradar.com

10
AI의 한계와 스포츠 투어리즘

AI 기술은 스포츠 투어리즘 산업에 혁신을 가져왔으나, 일자리 감소, 기술 의존도 증가, 정보 제공의 획일성 등 여러 한계가 존재한다. AI 도입으로 자동화 업무가 늘어나면서 일자리 감소 우려가 커졌고, 기술 의존도가 높아져 장애 발생 시 큰 영향을 받을 수 있다. 또한, 개인화 콘텐츠 제공이 정보의 다양성을 제한할 수 있다. 이러한 문제를 해결하려면 재교육 프로그램, 백업 시스템, 정보의 다양성 보장 등 균형 잡힌 접근이 필요하며, 지속 가능한 발전을 위해 AI의 윤리적 고려와 체계적 관리가 중요하다.

AI의 한계와 스포츠 투어리즘

스포츠 투어리즘(Sports Tourism)은 스포츠 이벤트와 관련된 여행을 통해 경제적, 문화적 가치를 창출하는 중요한 산업이다. AI 기술의 도입은 스포츠 투어리즘에 혁신을 가져왔지만, 동시에 여러 단점이 발생하고 있다. 한계점으로는 일자리 감소, 기술 의존도 증가, 정보의 획일성 등이 있다. 새로운 기술이 등장할 때마다 가능성을 이해하고 활용하면서도, 한계를 인정하고 개선해 나가는 것이 산업의 미래를 대비하는 데 필수다.

첫 번째 한계점으로 일자리 감소 문제는 스포츠 투어리즘 산업에서도 중요한 이슈다. 반복적이거나 단순한 명령어로 수행할 수 있는 업무는 AI를 통해 빠르게 자동화되고 있다. 이런 자동화가 확산되면서, 사람들이 담당하던 업무가 AI로 대체되어 일자리가 줄어들 우려가 있다. 예를 들어, 콜센터 업무, 시장조사, 매출 분석 등에서 이미 AI가 활용되고 있으며, 이는 기존에 다수의 인력이 필요했던 작업을 더 적은 인력으로도 효율적으로 처리할 수 있음을 의미한다.

전통적인 업무에 대한 신규 고용은 줄어들고, AI로 변화된 새로운 분야에 대한 고용은 증가할 것으로 보인다. 이러한 변화에 적응하기 위해 기업은 기존 인력을 재교육하여 새로운 분야로 전환하거나, AI를 활용해 기존 업무를 고도화하고 있다. 기술적 변화로 인한 조직 구조의 변화는 기업 입장에서 초기 비용 부담을 초래할 수 있다. 많은 기업이 AI 기술을 도입하고 이를 활용해 다양한 서비스를 계획하고 있지만, 여건상 점진적으로 새로운 인력을 고용하거나 기존 인력을 재교육하는 방식으로 적응하고 있다. 모든 신규 사업이 그렇듯 초기에는 이를 활용하거나 운영하는 데 비용이 많이 소요되며, 특히 중소형 스포츠 투어리즘 기업에는 큰 부담이 될 수 있다(LG경영연구원, n.d.).

AI 도입으로 인한 일자리 감소 문제를 해결하려면 체계화된 재교육 및 업무 전환 프로그램이 필요하다. 이러한 프로그램은 기존 인력이 AI를 활용하여 창의적 사고와 문제 해결 능력을 강화할 수 있도록 돕는다. 현재 AI는 반복적이고 단순한 작업을 처리하는 데 유용하지만, 창의적이고 복잡한 업무는 여전히 인간의 영역으로 남아 있다. 따라서 AI와 인간이 상호 보완적으로 협력할 수 있는 체계를 마련하는 것이 중요하다. 동시에 AI 기술로 인해 사라지는 일자리를 대신할 수 있는 새로운 비즈니스 모델과 서비스를 개발해야 한다. AI를 활용한 데이터 분석, 고객 맞춤형 서비스 개발, 기술 관리 및 유지 보수 등 새로운 분야에서 고용 기회를 제공함으로써, 전체 고용 수준을 유지할 수 있다(Boston Consulting Group, 2019).

마지막으로, 중소형 스포츠 투어리즘 기업들이 AI 도입으로 인한 비용 부담을 줄일 수 있도록 정부와 대기업의 협력이 필요하다. 예를 들어, AI 기술 도입을 위한 보조금, 기술 자문, 공동 연구 개발 프로젝트 등을 통해 중소형 기업들이 효과적으로 AI 기술을 도입할 수 있도록 지원해야 한다. 이러한 접근은 중개자들이 AI 기술을 성공적으로 도입하고, 지속 가능한 성장을 이루는 데 중요한 역할을 한다.

두 번째 한계점으로는 기술 의존도의 증가가 있다. AI 기술의 도입은 스포츠 투어리즘 산업에서 편리성과 효율성을 크게 향상했지만, 기술 의존도 증가로 인해 기술 장애나 오류 발생 시 운영에 큰 영향을 미칠 수 있다. 예를 들어, AI 시스템에 오류가 발생하면 티켓 판매나 경기 관리에 차질이 생길 수 있다. 또한 AI가 부정확한 데이터를 학습하면 잘못된 의사 결정을 초래할 수 있다. AI는 데이터를 기반으로 작동하기 때문에, 스포츠 팬들의 개인 데이터를 수집하고 분석하는 과정에서 프라이버시 문제가 발생할 수 있다. 이는 사용자들에게 불안감을 줄 수 있으며, 개인 데이터 사용에 대한 우려를 증대한다.

AI 도입으로 인한 기술 의존도 증가 문제를 해결하려면 백업 시스템과 이중화(redundancy)를 구축하여 AI 시스템에 의존하는 중요한 업무에서 기술 장애가 발생해도 비상 운영이 가능하도록 대비해야 한다. 예를 들어, 티켓 판매 시스템은 AI 시스템 외에도 수동으로 처리할 수 있는 백업 시스템을 마련하여, 시스템 오류 시에도 티켓 판매가 중단되지 않도록 해야 한다(AI타임스, 2018). 또한 AI가 학습하는 데이터의 정확성과 품질을 보장하기 위해 정기적인 데이터 검증과 품질 관리가 필요하다. 고객 프라이버시 보호를 위해 데이터 암호화, 접근 권한 관리, 익명화 등의 보호 장치를 통해 개인 정보를 보호하며, 사용자의 동의를 얻어 데이터를 수집하고 활용하는 절차를 명확히 해야 한다.

이러한 과정은 AI 시스템의 안전성과 신뢰성을 보장하며, 표준과 인증 제도를 마련하여 AI 기술의 안정성을 확보할 수 있다. 또한, AI 도입에 대한 지속적인 교육과 훈련을 제공하고, 정부와 기업 간 협력을 통해 기술적 리스크를 관리함으로써, AI 기술이 스포츠 투어리즘 산업의 지속 가능한 발전에 기여할 수 있도록 해야 한다(삼성SDS, 2023; 방정미, 2021).

세 번째 한계점으로는 AI에 의한 정보 제공의 획일성이 있다. AI가 제공하는 정보는 과거 검색 기록에 기반해 개인화된 콘텐츠로 한정될 수 있다. 이러한 정보 제공 방식은 고객의 다양한 관심사를 제한하고, 새로운 정보에 대한 접근을 방해할 수 있다. AI에 의해 추천되는 정보는 마케터가 기획한 콘텐츠에 기반하기 때문에, 다양한 기회와 가능성을 놓칠 위험이 있다.

획일성 문제를 극복하려면 정보 제공의 다양성을 보장해야 한다. AI 시스템은 개인화된 콘텐츠를 제공할 때 사용자의 다양한 관심사를 반영하고, 여러 출처와 관점을 고려하여 다양한 정보에 접근할 수 있도록 설계해야 한다. 특정 스포츠에 관심 있는 사용자에게는 그 스포츠뿐만 아니라 관련된 다른 스포츠나 연관된 문화 콘텐츠도 함께 추천하여 정보의 폭을 넓혀야 한다. 사용자가 자신의 관심사와 선호도를 직접 설정하고 수정할 수 있는 기능을 제공하여, 맞춤형이면서도 다양한 정보를 제공할 수 있도록 해야 한다. 이는 사용자가 능동적으로 정보를 탐색할 수 있는 환경을 조성하고, 다양한 관점에서 콘텐츠를 소비할 수 있게 한다.

AI 시스템이 정보를 수집할 때 특정 출처에만 의존하지 않고, 다양한 관점과 배경을 가진 정보를 반영해야 한다. 예를 들어, 스포츠 관련 정보를 제공할 때 단순한 뉴스뿐만 아니라 역사, 문화, 사회적 영향 등 다양한 측면을 함께 제공하는 것이다. 마지막으로, 정부와 관련 기업들은 정보 다양성과 개인정보 보호를 위한 규제와 가이드라인을 마련하여, 윤리적 문제를 예방하고 AI가 제공하는 정보의 다양성을 보장해야 한다. 이러한 조치는 AI 기술이 신뢰성과 안정성을 갖추고, 개인의 다양성을 존중하는 데 기여할 것이다(한국과학기술정보연구원, 2024; 김성준 · 홍승헌, 2023; 장미경, 2024).

결론적으로, AI 기술은 스포츠 투어리즘 산업에서 팬 경험을 향상하고 운영 효율성을 높이며, 마케팅 전략을 최적화하는 데 중요한 역할을 한다. 그러나 이러한 기술적 발전에는 일자리 감소, 기술 의존도 증가, 정보 제공의 획일성 등의 단점도 존재한다. AI 기술을 활용할 때는 이러한 장단점을 균형 있게 고려하고, AI가 가져올 수 있는 윤리적 문제와 그 한계를 충분히 이해하며 신중하게 도입하는 것이 중요하다. AI는 스포츠 투어리즘의 혁신을 이끄는 강력한 도구가 될 수 있지만, 그 잠재적 위험을 무시해서는 안 된다. 산업의 지속 가능한 발전을 위해서는 AI 기술을 관리하고 통제하는 체계적인 노력이 필요하며, 이를 통해 스포츠 투어리즘은 더 나은 미래로 나

아갈 수 있을 것이다.

참고문헌

김성준·홍승헌(2023). 인공지능 규제. ≪공공선택학저널≫, 2(2), 35-57쪽.

방정미(2021). 인공지능 알고리듬 규제거버넌스의 전환-최근 미국의 알고리듬 규제와 인공지능 윤리원칙을 중심으로. ≪공법연구≫, 49(3), 375-406쪽.

삼성SDS(2023). AI 리스크에 대한 글로벌 대응 동향 및 시사점. 인사이트리포트. https://www.samsungsds.com/kr/insights/ai-risks-and-responses.html

장미경(2024). 인공지능 통제 가능성 고찰과 글로벌 규제 현황 연구. The Journal of the convergence on culture technology (JCCT), 10(2), pp.447-452.

한국과학기술정보연구원(2024.5.28). 인공지능 윤리(AI Ethics): 인간과 인공지능의 조화로운 공존 방안. ≪이슈브리프≫. https://www.kisti.re.kr/post/issuebrief/6428

AI타임스(2018.08.30). AI 활용에 따른 윤리적 문제, 극복 방안은?. AI타임스 블로그. https://m.post.naver.com/viewer/postView.nhn?volumeNo=16607283&memberNo=43011790

LG경영연구원(n.d.). 조직 변화 관리: 사람이 디지털 혁신의 주체. LG Business Review. https://www.lgbr.co.kr

Boston Consulting Group.(2019.5.2). The science of organizational change. https://www.bcg.com/publications/2019/science-organizational-change

IBM.(n.d.). What is Artificial Intelligence (AI)?. Retrieved July 31, 2024. https://www.ibm.com/topics/artificial-intelligence

정구현

고려대학교에서 불철주야(不撤晝夜)의 자세로 박사학위를 취득했다. 현재 100년의 역사를 자랑하는 유서 깊은 레저 기업에서 승마 교육 프로젝트를 총괄하며 활약하고 있으며, 모교인 고려대학교의 강단에 서서 스포츠 지식을 학생들에게 흥미롭게 전달하기 위해 최선을 다하고 있다. 스포츠 관련 다양한 질문과 이론을 퍼즐을 맞추듯 즐기며, 이를 바탕으로 전략과 아이디어를 도출하는 일에 몰두하고 있다. 스포츠 경영과 스포츠 투어리즘 분야에서 활발한 연구를 이어 가며, 이론과 실무를 잇는 가교 역할을 충실히 수행하고자 노력하고 있다. 또한 고용노동부 컨소시엄 교육과 스포츠 관련 대학생을 위한 실무 맞춤형 교육도 함께 진행하고 있다. 소비자 행동과 미디어 마케팅에 관한 다수의 논문을 전문 학술지에 발표했으며, ≪서울경제신문≫에서 승마 교육 관련 칼럼니스트로도 활동했다. 저서로는 『스포츠 비즈니스 실무론(實務論)』, 『스포츠 투어리즘』, 『1000일간의 승마표류기』, 『시크릿 승마노트』, 『말과 말(馬과 言)』 등이 있다. 이 모든 활동은 배우고 나누고자 하는 열정에서 비롯된 것이다.